Qué Hacen los Patrocinadores Inteligentes

IMPULSA TU EQUIPO DE REDES DE MERCADEO

KEITH Y TOM "BIG AL" SCHREITER

Qué Hacen los Patrocinadores Inteligentes
© 2021 by Keith y Tom "Big Al" Schreiter

Publicado por Fortune Network Publishing

PO Box 890084
Houston, TX 77289 Estados Unidos
Teléfono: +1 (281) 280-9800

BigAlBooks.com

ISBN-13: 978-1-948197-97-7

CONTENIDOS

Viajo por el mundo más de 240 días al año.
Envíame un correo si quisieras que hiciera
un taller "en vivo" en tu área.

→ BigAlSeminars.com ←

¡OBSEQUIO GRATIS!
¡Descarga ya tu libro gratuito!

Perfecto para nuevos distribuidores. Perfecto para
distribuidores actuales que quieren aprender más.

→ BigAlBooks.com/freespanish ←

Otros geniales libros de Big Al están disponibles en:

→ BigAlLibrosEnEspanol.com ←

PREFACIO

En el comienzo.

Las personas son diferentes.

Y los nuevos miembros de nuestro equipo son muy diferentes a nosotros.

No todos se unen a nuestro negocio por las mismas razones. Y puesto que es su negocio, todo se trata de ellos, no de nosotros.

Con mucha frecuencia, estamos tan obsesionados con nuestras metas que olvidamos que los miembros de nuestro equipo tienen sus propias vidas y metas.

Como patrocinadores inteligentes, sabemos que la misma talla no es para todos. Ajustaremos nuestro enfoque de liderazgo para encajar con las necesidades de los nuevos miembros de nuestro equipo.

Podemos organizar nuestros deberes como patrocinadores dentro de estas tres categorías:

1. Mentoría. Reservaremos nuestro tiempo de mentoría para la élite, esos pocos que dicen, "Haré lo que sea necesario para conseguir mis metas." Estas personas merecen nuestro tiempo y enfoque. Quieren una guía

paso a paso de nuestra parte. Aquí están nuestros futuros líderes en proceso.

2. Entrenamiento. La mayoría de nuestros deberes como patrocinador consistirán en entrenar a los miembros del equipo sobre cómo construir sus negocios. ¿Quienes son estas personas? Son los miembros del equipo que nos prometen, "¡Haré lo mejor que pueda!" Eso es un compromiso genial y los ayudaremos a hacer lo mejor que puedan.

3. Psicólogo. Algunos miembros de tu equipo tienen una actitud que los hace pensar, "Lo intentaré. Pero primero, déjame buscar razones por las que este negocio no funcionará para mí. Me quejaré y siempre tendré razones para no comenzar." Para ellos, podemos donar algo de tiempo para jugar al psicólogo. Sin embargo, queremos limitar nuestro trabajo de beneficencia al inicio de nuestra carrera. Debemos de invertir más tiempo en la construcción de nuestro negocio.

Este libro se enfocará en nuestra mentoría y entrenamiento. Le dejaremos la parte de la Psicología a los profesionales. Ellos cuentan con años de entrenamiento como preparación para esta responsabilidad. Nosotros no.

NO QUEREMOS SER ESTA PERSONA.

Yo: "Acabo de ingresar. Soy muy tímido. No sé cómo aproximarme y hablar con personas."

Patrocinador Inútil: "No me quites el tiempo. Al grano: ¿Cuál es el problema?"

Yo: "Tengo miedo hasta de mi sombra."

Patrocinador Inútil: "¡Entonces sal y recluta de noche!"

Grrrr…

No queremos ser esta clase de patrocinador.

¿Qué significa la palabra "patrocinador"?

¿Podemos estar de acuerdo en que puede significar que debemos de ayudar a las personas que no saben cómo navegar a través de su nueva carrera?

Es demasiado fácil ver el mundo desde nuestro punto de vista. Olvidamos qué tan incompetentes éramos cuando comenzamos. Olvidamos los miedos iniciales que nos detuvieron. Así que, es un reto dar un paso atrás y relacionarnos con los nuevos miembros del equipo.

Pero como patrocinadores inteligentes, podemos dar un paso adelante y aprender a relacionarnos. Esto no es difícil de hacer. Simplemente comenzamos desde donde están ahora y les enseñamos los pasos para llegar a donde estamos ahora.

¿ÚLTIMO LUGAR? NADA MAL.

Cuando comencé mi carrera, mi patrocinador me introdujo a un concurso. Era una competencia para ver quién podría patrocinar cuatro nuevos miembros en el equipo primero.

Yo terminé... en último lugar.

Lo que me puso delante de las personas que no terminaron.

Y mucho, mucho más adelante de las personas que ni siquiera comenzaron.

¿Cómo usé mi incompetencia para derrotar a todos aquellos que no comenzaron o que no terminaron?

Secreto #1: Motivación. Yo quería terminar.

Claro, habría sido mucho más inteligente aprender una habilidad, pero en ese momento no sabía nada acerca de habilidades. Yo era incompetencia pura y estaba en llamas. Motivación era lo único que tenía.

¿Cómo conseguí esta motivación?

Tuve que trabajar muy fuerte para calificar en el último lugar, bastante fuerte. Necesité motivación para enfrentar el rechazo que me ocasioné al usar la palabras equivocadas. Cuando no tenemos habilidades, tenemos que trabajar 100 veces más duro para obtener los mismos resultados. Trabajé extra duro sólo para lograr el último lugar

¿Mi segundo secreto?

Aquí está cómo conseguí esta motivación.

Crecí en una granja. Casi todo lo que hacíamos consistía en proyectos grandes que duraban varios días. ¿Cómo lo hacíamos?

Simplemente comenzábamos.

Y luego, continuábamos.

Y unos pocos días después, terminábamos el proyecto y comenzábamos con el siguiente proyecto. Mi hermano y yo teníamos un hábito a la fuerza (Papá nos levantaba muy temprano para empezar diario). Esto es lo que hacíamos naturalmente, todos los días.

Ahora, gracias a esta experiencia aprendí a comenzar mi trabajo, hacer progresos y lograr las metas en automático. Nunca pensábamos sobre la meta. Nunca había escuchado la palabra "meta" hasta que comencé en redes de mercadeo. Todo lo que sabíamos era:

1. Empezar.

2. Hacer algo que éramos capaces de hacer para avanzar.

3. El proyecto estaría terminado.

¿Qué hace la diferencia?

Mira el #2: "Hacer algo que éramos capaces de hacer para avanzar."

Nota las palabras "que éramos capaces de hacer." Vaya, ahí está el segundo secreto que nos frena.

En redes de mercadeo le pedimos a las personas que hagan cosas que no pueden hacer. No saben cómo realizar la tarea. ¡Auch!

Cuando esto sucede, necesitamos dar un vistazo a lo que falta.

1. ¿Les falta la motivación para comenzar la tarea?

2. ¿O les faltan las habilidades para realizar la tarea?

Yo no tenía problemas con mi motivación cuando joven. Mi papá se aseguró de esa parte.

¿Y las habilidades? Papá siempre se aseguró de que mi hermano y yo estuviésemos realizando trabajos que podíamos hacer de niños. No algo atemorizante. No algo imposible. Sino algo que sabíamos que podíamos hacer.

La mayoría de las personas no tienen miedo de trabajar. Saben que construir un negocio en redes de mercadeo no es "de gratis" ni algo que ocurre por sí solo. Están de acuerdo con hacer el trabajo.

Pero, no están de acuerdo en hacer trabajos atemorizantes o que no puedan realizar. ¿Qué los asusta?

- Hacer citas.
- Conocer extraños.
- Dar presentaciones.
- Y para los nuevos, la lista sigue y sigue…

Ahora entendemos por qué algunos miembros nuevos, llenos de emoción, renuncian. Su motivación no fue el problema. Ellos simplemente no quisieron enfrentar el rechazo y el fracaso que inevitablemente ocasionaría su bajo nivel de habilidades.

Pensaron para sí mismos, "¡Hey! Ya tengo comida suficiente en el refrigerador. No me hace falta este feo sentimiento de incompetencia. Déjame relajarme y mirar televisión mejor. Construir un negocio es muy difícil."

Como patrocinadores inteligentes, debemos de reconocer que las personas nuevas no están donde estamos nosotros ahora. Esta es una profesión nueva para ellos. No podemos esperar que las personas tengan las habilidades necesarias para cada profesión del universo. No aprendieron habilidades para redes de mercadeo en la escuela.

CONOCIENDO A NUESTROS NUEVOS MIEMBROS.

Un líder en redes de mercadeo, Wes Linden, cuenta una historia. Él le pregunta a uno de sus presuntos líderes "Y... ¿me puedes decir cómo es el diseño de la alfombra en la sala de tu nuevo miembro?"

El presunto líder no puede.

¿Cómo podemos comunicar y motivar a un nivel más profundo si no tenemos una buena relación con los nuevos miembros de nuestro equipo? Debemos de entender:

1. Por qué querían ingresar al negocio.

2. A dónde quieren que su negocio los lleve.

3. Cómo quieren llegar ahí.

¿Conocemos las metas de los miembros que patrocinamos personalmente dentro de nuestro equipo? Si no, esto podría ser una señal de que necesitamos dar un paso adelante y convertirnos en mejores patrocinadores.

Veamos más de cerca éstas tres preguntas.

#1. ¿Por qué ingresaron al negocio los nuevos miembros de nuestro equipo?

¿Mi motivación cuando comencé? No quería ir a mi trabajo de oficina. Era aburrido, las posibilidades de crecimiento estaban a años de distancia y no me apasionaba lo que hacía. ¿La motivación de Keith? Quería ganar más dinero que sus maestros en la secundaria, para poder concentrarse en tocar la batería con su banda de rock. Dos motivaciones totalmente diferentes. Debemos de conocer y comprender la motivación de nuestros nuevos miembros.

#2. ¿A dónde quieren llevar su negocio nuestros nuevos miembros?

Para algunos miembros del equipo, un ingreso de medio tiempo para pagar las deudas de las tarjetas de crédito podría ser la única meta. Disfrutan de su profesión actual. O no sienten que sus vidas están seguras a menos que estén recibiendo un salario que viene de un empleo. Otros miembros nuevos podrían querer ganar suficiente dinero para comprar un pequeño país. Tendremos conversaciones diferentes con cada uno de estos miembros del equipo.

#3. ¿Cómo quieren los nuevos miembros del equipo lograr sus metas de negocio?

John desea conservar su reputación entre sus amigos contadores. Él sólo quiere promover su negocio con personas que no conoce. Mary, por otro lado, no puede esperar a contarle a todos los que conoce acerca de su negocio.

Algunas personas quieren tomar la ruta lenta, mientras otros no tomarán precauciones y harán lo que tengan que hacer para llegar inmediatamente.

Hablar directamente con personas es cómodo para algunos miembros del equipo. Otros son mas cautelosos y quieren pasar más tiempo construyendo una relación o educando a sus prospectos.

Los miembros de nuestro equipo son individuos. Un sistema o estrategia no es perfecta para todos. A Jessica le encanta ser anfitriona. Cuando mencionamos una fiesta casera de lanzamiento para su negocio, Jessica ya está preparando las bebidas y escribiendo la lista de invitados. Está en su zona de confort. Ella es anfitriona a menudo y no puede esperar para expandir su negocio de esta manera.

Otro miembro del equipo no tiene contactos locales. Una fiesta casera de lanzamiento no tiene sentido. Nadie vendría. Con los contactos de su lista telefónica esparcidos por todo el país, debemos usar un enfoque diferente. Debemos de preguntarnos, "¿Cómo quiere comunicarse este nuevo miembro? ¿Qué se sentiría más natural?"

Aquí hay algunas de las muchas maneras en las que los nuevos miembros del equipo pueden contactar personas:

- Llamadas telefónicas.
- Redes sociales.
- Mensajes de texto.
- Reuniones en persona.
- Email.

- Fiesta casera de lanzamiento.
- Llamada en Zoom.

Estas tres preguntas nos dan la perspectiva completa. Es difícil diseñar caminos exitosos para los miembros de nuestro equipo sin tener estas pautas.

EJEMPLOS DE ESTAS PREGUNTAS EN ACCIÓN.

La historia de Bob.

Uno de mis primeros líderes fue Bob. Como analista de sistemas y con una personalidad ultra verde, él no era un extrovertido natural. Aquí está cómo respondió a nuestras tres preguntas.

#1. ¿Por qué quiero este negocio? Bob respondió: –Me traslado dos horas al día en tren. Mi trabajo me paga bien, pero trabajo con otros programadores aburridos que no tienen metas. Nunca conversamos sobre qué más podríamos hacer con nuestras vidas. Quiero tener mi propio negocio, ser inversionista y pasar más tiempo con mis seis hijos. Creo que puedo ganar más dinero si recibo lo que valgo.–

Como otra personalidad verde, fue fácil para mí construir una conexión con Bob. Veíamos el mundo desde el mismo ángulo. Los ingenieros, contadores y programadores de computación entienden el apalancamiento y el esfuerzo compuesto. Nosotros vemos el poder de las redes de mercadeo de inmediato.

Desafortunadamente, como personalidades verdes, nuestras habilidades personales usualmente son nulas. Hacen falta más que matemáticas para que un negocio funcione. Nadie se une a redes de mercadeo por que hizo algunos números. Tenemos que tratar con personas. ¿La buena noticia? ¡Podemos aprender estas habilidades!

#2. ¿A dónde quiero llevar este negocio? Bob respondió: –Quiero un ingreso de tiempo completo. Contando los traslados, mi trabajo me quita 11 horas de mi día. Puedo hacer más que supervisar a otros programadores. Administrar personas y llenar formatos sólo me va a dar cierto dinero. Con un ingreso de tiempo completo, podré pasar mi tiempo estudiando y haciendo inversiones para asegurar mi futuro.–

Bob tenía un plan. Quería invertir en bienes raíces y acciones y conseguir un flujo de dinero de un negocio de redes de mercadeo a tiempo completo. Se educó sobre diferentes inversiones, nuestra línea de productos y cómo ser un networker más efectivo.

¿Funcionó el plan de Bob? No.

Salir de su zona de confort y hacer nuevos contactos para su negocio de redes de mercadeo no encajaba con su personalidad. Tomó un enfoque más pasivo. Su negocio creció lentamente y nunca progresó más allá de un buen ingreso de medio tiempo. Pero usó su nuevo ingreso de tiempo parcial para terminar de pagar su casa. Luego, usó su ingreso de medio tiempo más el dinero que normalmente usaba para pagar su hipoteca en inversiones. Eventualmente llegó a su meta, un ingreso de tiempo completo proveniente del mercadeo en red y de sus inversiones, mayormente de sus inversiones.

#3. ¿Cómo quiero llegar a mi meta de negocio? Bob no hizo llamadas en frío. No se unió a grupos de referidos. En lugar de eso, dejó que los beneficios de los productos gradualmente construyeran una base leal de usuarios. Esto demoró más tiempo, pero estaba dentro de la zona de confort de Bob. Él disfrutaba al compartir los beneficios de los productos. Yo apoyé a Bob a construir consistentemente de la forma que él disfrutaba.

La historia de Silvia.

Otra de mis líderes al comienzo fue Silvia. Ella era una cosmetóloga con su propio salón de belleza. Sin empleados, sólo Silvia. Aquí está cómo respondió a estas tres preguntas.

#1. ¿Por qué quiero este negocio? Silvia respondió: –Tengo 48 años de edad. Estoy de pie durante nueve horas al día ayudando a mis clientes a verse bellas. Lo hago seis días por semana, sólo descanso los Lunes. Pero salgo corriendo y compro más materiales para la semana. Al final del día estoy tan cansada que no tengo vida social. No me puedo ver a mí misma haciendo esto por otros 17 años hasta jubilarme.–

Silvia no entendía el plan de compensación. No tenía idea de cómo funcionaban los avances de rango. Pero era una networker natural, conversando con las personas todos los días. Ella sabía cómo escuchar y hablar con las personas acerca de sus intereses.

#2. ¿A dónde quiero llevar este negocio? Silvia respondió: −Quiero calificar para el auto. Nunca he tenido un coche propio en mi vida y ahora es el momento de tener uno. Especialmente si alguien me lo paga. ¿Y puedo calificar para los viajes? Eso suena emocionante. Ya sé a dónde me va a llevar mi profesión y no quiero llegar ahí. Si todo lo que tengo que hacer es hablar con las personas para tener una nueva carrera, eso es algo que puedo hacer. Quiero dejar atrás mi salón de belleza.−

A veces, construir líderes es fácil. No sólo tienen la motivación interna, sino que ya tienen habilidades geniales de relacionamiento y comunicación. Silvia sabía a dónde quería llegar. No se dejaría distraer por objetos brillantes ni actividades para perder tiempo.

#3. ¿Cómo quiero llegar a mi meta de negocio? Para Silvia, esto fue fácil. Tenía una audiencia cautiva de clientas regulares. Estas clientas la conocían, les agradaba y confiaban en ella. No había necesidad de construir afinidad adicional. Todo lo que tenía que hacer era usar una buena frase para romper el hielo y los clientes tomaban una decisión instantánea. Además, Silvia tenía peatones ingresando en su negocio a diario. Cada semana tenía prospectos nuevos. No tenía que hacer llamadas en frío, ni unirse a un grupo de referidos o hacer nada fuera de su zona de confort. Todo lo que tenía que hacer era aprender cómo hablar más efectivamente con sus prospectos actuales.

Silvia calificó para su auto. Ganó el primer viaje. Duplicó su ingreso como cosmetóloga, cerró su negocio y nunca miró atrás. Ella tenía una meta clara y construyó su negocio dentro de su zona de confort.

La historia del Sr. Poh.

A comienzos de los 60s, China comenzó a abrirse a las redes de mercadeo. Mi amigo, el señor Poh, decidió que convertirse en emprendedor tenía sentido. Aquí está cómo él respondió estas tres preguntas.

#1. ¿Por qué quiero este negocio? El Sr. Poh respondió: –El futuro es China, pero todavía no. Tomará tiempo cambiar décadas de pensamientos rígidos. Yo puedo ayudar a mi familia y amigos a soñar en nuevas posibilidades. Ser empresario y dueño de mi negocio será difícil. Pero quiero ser parte del cambio. Cuando nadie crea yo quiero ser quien brille en sus recuerdos como aquel que creyó en ellos y en su futuro. Quiero respeto.–

Algunas veces olvidamos que nuestras carreras son más que dinero. Nuestra carrera puede brindarle esperanza a los demás y cambiarles la vida. Piensa sobre las tantas motivaciones que tenemos los humanos. Reconocimiento, poder, sentido de contribución, dejar un legado, la capacidad de cambiar vidas y una oportunidad de inspirar personas para lograr más de lo que pensaban que podían. La satisfacción de una carrera en redes de mercadeo puede ser más importante que un cheque. Podremos gastar el dinero, pero los recuerdos y la satisfacción de ayudar a otros a través de redes de mercadeo durarán para siempre.

#2. ¿A dónde quiero llevar este negocio? El Sr. Poh respondió: –Me veo a mí mismo hablando con grupos de escépticos. Como líder de ventas, las personas saldrán con respeto por mi mensaje. Lo que enseñaré en estas reuniones grupales multi-plicará mi influencia sobre los demás. Quiero ir de ciudad en ciudad presentándole a las personas el poder del mercadeo en red. No les daré una garantía, sino que tendrán una oportuni-dad de cambiar sus vidas."

El Sr. Poh tenía una personalidad verde. Él sólo vio este negocio a través del lente de cómo podía ayudar a los demás.

#3. ¿Cómo quiero llegar a mi meta de negocio? Para el Sr. Poh, esto fue fácil. Quería hablar tres veces por día y entrenar personas en una nueva manera de pensar llamada "mercadeo en red." Amaba enseñar. Amaba estar de pie en frente de un salón de gente. Esto era tan agradable para él que lo habría hecho gratis. Fue de ciudad en ciudad, promovió su negocio, le pidió a las personas que asistieran a sus entrenamientos y con-struyó el negocio de sus sueños. Todo lo que tuve que hacer fue proveerle el concepto básico de lo que es una red de merca-deo y salirme de su camino.

¿Por qué estas tres básicas preguntas?

Estos son los cimientos de cómo podemos motivar, guiar y entrenar a los nuevos miembros de nuestro equipo. Veamos a estas preguntas una por una y veamos lo que nos pueden ayu-dar a lograr.

#1. ¿POR QUÉ QUIERO ESTE NEGOCIO?

Si los nuevos miembros de nuestro equipo se unen por capricho, no hará falta mucho más que una simple brisa para derribar su negocio. Habrá momentos duros por delante. Ningún negocio traza una línea recta hasta el éxito sin pasar por obstáculos.

Una vez que conozcamos el "porqué," podremos recordar regularmente a los miembros de nuestro equipo su motivación interna. Aquí está un ejemplo.

El "porqué" de John es sacar a su esposa de trabajar. Tenemos una conversación telefónica con John donde nos cuenta que patrocinó a un nuevo distribuidor. Podríamos responder, "Eso es grandioso. Estarás ayudando a otra persona más a lograr sus sueños. Además, eso es un paso más cerca de sacar a tu esposa de trabajar. Sé que ella estará muy contenta."

Algunas ocasiones cuando nos sentimos tristes, olvidamos el "porqué" de nuestra misión. Es más fácil mantener fuerte la motivación interna de nuestros miembros cuando les recordamos su "porqué."

Es mejor recordarle a John su "porqué" cuando las cosas van bien. Parece chantaje si traemos a la luz su "porqué" cuando las cosas andan mal. Podríamos no mencionarlo, pero

John interpretará lo que sea que digamos como, "Ah, ¿quieres renunciar? Supongo que no te importa que tu esposa no deje su trabajo." Sí, eso es muy manipulador.

¿Qué hay de fortalecer la relación? Cuando hablamos con los demás acerca de sus deseos más profundos y sus metas, formamos fuertes lazos que perduran a través de los retos. Muchos describen el mercadeo en red como un "negocio de relaciones."

Esto no es como las transacciones por Internet. No es un intercambio de dinero por servicios de una sola ocasión. Esto explica por qué algunos grupos permanecen unidos y son leales, mientras que otros grupos rápidamente se desintegran y buscan el siguiente negocio.

Aquí está el principio de motivación que debemos recordar:

"La mayoría de las personas se está moviendo lejos de sus problemas, no acercándose a sus metas."

Los nuevos miembros de nuestro equipo se unen. Nosotros pensamos, "Wow. Quieren lo que estoy ofreciendo."

Pero esa puede no ser la realidad.

Lo que es más probable, su motivación inicial es evitar el dolor de su situación actual. Piensa en estos ejemplos.

Ejemplo #1. ¿Las personas llegan al azar un buen día a la agencia de autos y deciden comprar un coche? No. Se están moviendo lejos de su problema. ¿Cuál problema? Su coche actual es viejo y se descompone. O, sus amigos tienen mejores coches y quieren ser como sus amigos.

Ejemplo #2. La tarja de nuestra cocina se rompe. ¿Por qué vamos a la tienda local de materiales? Por que queremos quitarnos el problema del charco en la cocina.

Cuando tenemos problemas, nos decimos a nosotros mismos, "Vamos a buscar una forma de eliminar este problema. ¿Qué posibles soluciones hay allá afuera?"

Entonces, cuando miembros nuevos se unen a nuestro negocio, podemos asumir que se están alejando de sus problemas. Se están alejando de la pobreza, de la falta de tiempo o del sentimiento de asfixia al no tener libertad ni opciones. O podrían estar huyendo de una vida sin satisfacciones y no pueden esperar a compartir nuestros productos y servicios con otros.

Pueden no admitir sus problemas abiertamente con nosotros, pero sus problemas los motivaron a buscar un cambio.

Las personas harán más para eliminar el problema de lo que harán para trabajar por una meta. Las personas odian los problemas.

#2. ¿A DÓNDE QUIERO LLEVAR ESTE NEGOCIO?

Cuando comencé mi carrera, cometí el error de pensar que todos querían despedir a sus jefes y tener su propio negocio de tiempo completo. Estaba equivocado. Así es como veía este negocio. Definitivamente no era la manera en la que la mayoría de los miembros de mi equipo veían el negocio.

Algunos querían un poco de dinero extra para gastar. Recuerdo a un hombre de Missouri que me dijo: –Gané $50 el mes pasado en mi negocio.– Esto no parecía mucho, aún así se veía emocionado. Le pregunté por qué.

Él continuó: –No gano mucho en mi trabajo. Después de pagar los gastos de la familia, me quedan $5 al mes para gastar en lo que quiera. Con estos $50 extras, ahora tengo diez veces más dinero para gastar que antes. Ahora puedo ir a una tienda y comprarme algo. Puedo pagar una comida en un restaurante. ¡Esto me está cambiando la vida!–

Para él, un pequeño ingreso de tiempo parcial era su enfoque inmediato. Él todavía no pensaba en nada más grande que $50 al mes. Hubiera estado mal de mi parte insistir en que viera el panorama completo y cambiara sus ideas. En lugar de eso, debería de ayudarle a repetir su ingreso mensual en este nivel hasta que esté listo para buscar más en su vida.

¿Para otros miembros del equipo? Podrían querer construir un gran ingreso de medio tiempo para colaborar con su beneficencia favorita. Entre más grande sea el ingreso, más personas puede apoyar la causa. Para estos miembros del equipo, les contaría lo que otros han hecho con sus organizaciones benéficas. Esto les ayuda a conservar su enfoque y seguir trabajando incluso durante los momentos ocupados en sus vidas. Ellos saben que el esfuerzo consistente para construir un ingreso residual es necesario para el presupuesto de la causa.

Patrociné a Mike. Él quería llevar a su negocio a un ingreso de tiempo completo en una semana. Teníamos un problema.

Mike aprendió cada atajo y consejo mágico que pudo. No tenía relaciones, no tenía una comunidad, no tenía una estrategia a largo plazo. Esto era un mal plan. Finalmente concluyó cuando Mike dejó el negocio por una estafa de "ganar dinero rápido." Fue bueno reconocer desde el comienzo que las metas irreales de Mike sabotearían su trabajo. Esto nos ahorró a ambos dolor en el futuro.

"¿A dónde quiero llevar este negocio?" Esta pregunta nos ayuda a trazar una mejor ruta con los miembros de nuestro equipo.

¿Qué tal si los miembros tienen dificultad para fijar metas?

Aquí hay dos soluciones rápidas para ese problema.

Los nuevos miembros pueden ser tímidos y no tener disposición de compartir sus metas. No escribirán nada. Así que, como patrocinadores inteligentes, necesitamos librarlos de sus inhibiciones. ¿Cómo?

1. En nuestros libros sobre liderazgo, hablamos acerca de este método. Le pedimos al miembro de nuestro equipo que escriba 25 cosas que hará DESPUÉS de lograr una cierta meta. Esto puede ser intimidante para los miembros nuevos, así que digamos esto: "Por favor escribe tres cosas que harás después de que ganes tu primer cheque."

2. Aquí está otro método que es aún más breve. El profesional en mercadeo en red Lloyd Daley de Inglaterra dice: –Vamos a fingir...– Fingir no suena intimidante para los nuevos miembros. Pueden fingir que pueden alcanzar cierto logro y eso se convierte en una meta.

Esto le quita la presión a los nuevos miembros del equipo y les permite soñar libremente.

La siguiente pregunta, la Pregunta #3, es enorme. Vamos a pasar el próximo capítulo aprendiendo sus secretos.

#3. ¿CÓMO QUIERO LLEGAR A MI META DE NEGOCIO?

Piensa en una meta como la dirección que queremos ir.

Pero las direcciones no hacen que las cosas sucedan.

Es la actividad que hacemos para movernos hacia nuestra meta lo que cuenta. Demasiados miembros nuevos fijarán metas y pensarán que su trabajo terminó. ¿La realidad? Fijar una meta significa que conocemos la dirección en la que queremos ir, pero todavía no estamos ahí.

"¿Cómo quiero llegar a mi meta de negocio?" El hecho sorprendente es que debemos personalizar la respuesta para encajar los talentos actuales de los nuevos miembros de nuestro equipo.

Esto es enorme. Aquí está por qué:

1. Reconocemos que cada uno de los nuevos miembros del equipo tiene talentos y recursos individuales.

2. Sabemos que los nuevos miembros del equipo tienen programas internos que les impiden utilizar ciertos métodos de construcción en su negocio.

Es demasiado fácil creer que nuestra manera es la única manera. Nuestras experiencias nos demuestran que lo que creemos es verdad. Y una vez que encontramos esta "verdad" fundamental, queremos predicar nuestra verdad con todos. Los líderes egocéntricos hacen esto a menudo. ¿Un ejemplo de cuando ésta "verdad" sale mal?

El líder conduce a casa después de un rally motivacional. Está tan emocionado que no presta atención al camino. ¿Qué pasa? El líder golpea al auto frente al suyo. El otro conductor sale, se frota el cuello y el líder inmediatamente dice, "¡Aquí! ¡Toma estas vitaminas mágicas!" Al día siguiente, el otro conductor llama al líder y dice, "¡Wow! Me siento genial con estas vitaminas. Mi cuello está bien y tengo más energía que una ardilla hiperactiva con cafeína. ¿Cómo entro?"

¿Qué ocurrió? El líder patrocina a su mejor distribuidor de la historia. El líder piensa que ha descubierto el sistema infalible para el éxito. ¿Y qué sigue? Enseñar este sistema secreto de éxito al equipo. Les dice cómo chocar por detrás a otros autos mientras conducen. Según su experiencia, es la mejor manera de obtener a los mejores líderes en el negocio.

Y se pone brutal. Si los miembros rehusan provocar accidentes automovilísticos, no están siendo leales. "¡Sal del equipo! Y no te molestes en prospectar personas sin auto. Esos perdedores nunca podrán hacer este negocio."

¿Vemos el problema? Lo que funcionó para un líder puede no funcionar para todos en el equipo. Todos tienen activos diferentes, habilidades y capacidades. Aquí hay algunos ejemplos.

Un líder tiene 96 primos. ¿Su consejo? "Sólo habla con parientes. Eso es lo que mejor me funcionó." Y si no tenemos suficientes parientes, nos indica que tendremos que casarnos varias veces para tener familia política con quienes hablar.

Otro líder instruye a su equipo a hacer 25 llamadas en frío cada día. Esto puede funcionar para el líder que tiene una piel gruesa y habilidades grandiosas para el teléfono. Pero, esto podría ser difícil de duplicar para otros sin esas habilidades naturales.

Insistir en que la duplicación sólo funciona si todos tienen el mismo trasfondo, habilidades y circunstancias, bueno, eso difícilmente pasará.

Entonces, ¿qué deberíamos de duplicar?

Queremos duplicar el resultado.

No tenemos que duplicar la misma estrategia para ventas y patrocinio. Deberíamos animar a los nuevos miembros a construir en maneras que sientan cómodas para ellos.

Si las actividades diarias de prospección, venta y patrocinio son incómodas, nuestro equipo se detendrá.

Piensa en ello de esta manera. Imagina que nos pagan por golpear nuestra mano con un martillo. Sí, disfrutamos el dinero, pero en algún punto dejaremos de hacerlo. Cuando el dolor sea demasiado, no importa la recompensa, querremos detenernos.

Redes de mercadeo es una carrera a largo plazo. Queremos que los miembros de nuestro equipo la disfruten.

Cómo hacer que las actividades diarias sean agradables para nuestros miembros del equipo.

Vamos a averiguar cómo prefieren los miembros del equipo hablar con personas. Si podemos incorporar actividades de construcción de negocio dentro de sus rutinas diarias, entonces, los miembros nuevos estarán más cómodos trabajando.

Compradores. Si nuestro miembro del equipo es aficionado a las compras, esa es una manera natural y grandiosa de conocer personas nuevas. Podemos darle frases perfectas para romper el hielo con los dependientes, con las demás personas en la fila e incluso con los cajeros. Así, nuestro miembro del equipo simplemente puede tomar a los voluntarios. ¡Ahora tiene motivos para ir de compras más veces!

Aquí hay un ejemplo. En la conversación con el dependiente, podrían decirle, "Tengo curiosidad, ¿podrías hacerme un favor?" Estoy buscando personas que quieran cambiar de carrera donde puedan fijar sus propios horarios de trabajo. ¿Conoces a alguien así?"

Los dependientes podrían decir amablemente que no conocen a nadie, o expresar su interés personal inmediatamente. Sin rechazo. Esto es fácil de hacer y sólo les tomó pocos segundos.

Esto sirve para productos y servicios también. El miembro del equipo podría decir. "Tengo curiosidad, ¿podrías hacerme un favor? Estoy buscando abuelos que quieran tener más energía que sus nietos. ¿Conoces a alguien así?"

Golfistas. Cuando un miembro del equipo está atrapado con otras tres personas en el campo de golf por tres horas, no tiene que depender de una rápida frase para romper el hielo. Tiene suficiente tiempo para construir afinidad. Nuestro miembro del equipo adora jugar golf a menudo y disfrutará su actividad de prospección diaria.

Padres que se quedan en casa. ¿Qué hay acerca de las redes sociales, videollamadas y tiempo social conversado con los demás padres mirando a los niños jugar en el parque? ¿Suena como un plan?

Podemos hacer más ejemplos. El punto es que debemos hacer que el proceso se disfrute.

Si has leído el libro *3 Hábitos Fáciles para Redes de Mercadeo* ya sabes que el hábito #2 se enfoca totalmente en que las personas hablen con una persona nueva por día. Y hacen esto de manera que está dentro de la zona de confort de la persona.

Las zonas de confort son importantes. Es cuando nos sentimos incómodos que buscamos razones para postergar el trabajo y rendirnos.

"Estudio reciente revela que evitar prospectos incrementa los fracasos de negocio un 100%."

Está bien, algo exagerado. Pero entendemos el punto. Construir un negocio de redes de mercadeo requiere que localicemos y hablemos con prospectos nuevos. Esto es lo que hacemos. No podemos obtener decisiones si no hablamos con prospectos.

Si nuestro nuevo miembro del equipo tiene un suministro constante de prospectos nuevos, sus niveles de estrés bajan. No se preocuparán acerca de su éxito eventual. Saben que será inevitable. Si tienen una mala semana y nadie está interesado, saben que la próxima semana puede ser mejor.

Tener nuevos prospectos frescos con quién hablar cura la mayoría de los problemas.

Necesitamos armarlos con una rutina diaria que les garantice su éxito eventualmente.

Sí, esta podría ser una rutina diferente para cada nuevo miembro. Sin embargo, vale la pena dedicar el tiempo para que esto ocurra. Una vez que la rutina está instalada, hemos construido las bases para su éxito.

Conforme crece nuestro grupo, nuestro cheque de comisiones representará menos lo que hacemos, pero reflejará más y más lo que hace nuestro grupo.

Creamos un ambiente para que los miembros de nuestro equipo disfruten del trabajo, sientan respeto y sean reconocidos por sus esfuerzos.

Haz que renunciar sea imposible.

Nadie renuncia al mercadeo en red cuando tienen prospectos y oportunidades en fila.

No sabemos si el siguiente prospecto será la persona que nos hará ricos. Y si nuestro prospecto actual está indeciso, no entramos en pánico. Tenemos más prospectos en espera.

¿Cómo es que los miembros de nuestro equipo obtienen todos estos prospectos y citas? Bien, es diferente para todos. Algunas personas sólo usan una estrategia de redes sociales. Otras personas usan la estrategia del perro de caza. Y otros, tal vez usan la estrategia de "Patrocinio en Escalera," o tienen otra manera genial de conseguir referidos nuevos.

Todos somos diferentes. Disfrutamos de métodos diferentes de prospección. Lo que es importante es que encontremos los métodos que nuestros nuevos miembros disfruten. Me gusta hacer esta pregunta:

"¿Cuál sería la manera más cómoda para ti de encontrar prospectos nuevos?"

Luego, escucho.

Luego escucho aún más.

Nuestro nuevo distribuidor nos dirá lo que le gusta. Algunos prefieren hacer llamadas, algunos prefieren prospección en persona. Otros prefieren pagar anuncios. Otros tienen habilidades especiales de marketing que quieren usar. No importa cómo quieran prospectar; lo que importa es que encuentren una manera de hacerlo que les funcione.

¿Estas son las únicas preguntas que podemos hacerle a nuestros miembros?

No.

Si tenemos empatía, sabemos la dirección que nuestras con-versaciones y entrenamientos debería de tomar. Por ejemplo, imaginemos que los nuevos miembros del equipo no se ven comprometidos al 100% con sus metas. Podríamos hacer algunas pocas preguntas más para ayudarles a reafirmar sus compromisos.

MÁS PREGUNTAS, MÁS HISTORIAS.

Las primeras tres preguntas nos dan la información básica que necesitamos para ser patrocinadores geniales.

¿Hay otras preguntas que podríamos hacer? Sí. Pero depende de la situación. Notaremos que algunas personas tienen miedo de vender. Otros no saben dónde comenzar. Algunos podrían tener problemas con sus tiempos limitados.

Veamos algunas preguntas opcionales que podrían ayudarnos a hacer que los miembros del equipo comiencen rápidamente a trabajar.

"¿Qué clases de problemas piensas que nos encontraremos?"

Sí, siempre habrá problemas. Queremos hablar acerca de estos problemas antes de que ocurran. Es mucho más fácil de tratarlos si nos anticipamos.

Los miembros de nuestro equipo empiezan a pensar. "¿Cuáles son algunas de las cosas malas que podrían pasarnos?" Queremos que hagan una lista. Su lista podría verse como esto:

- Nadie quiere hablar conmigo.
- Mi familia me dice "no" y no quiero seguir en el negocio.
- Mis amigos no me creen.

- Todos los que conozco son unos perezosos.
- Me daré cuenta de que no me gustan las ventas.
- Mis mejores amigos me aconsejan que me salga.
- Trabajo duro por 3 meses y termino perdiendo mi dinero.
- Cuatro personas seguidas me cuelgan el teléfono. Para mí, eso sería una señal clara de que tengo que renunciar.
- Mi pareja me dice que no haga esto.
- Nadie quiere comprar. Piensan que es muy caro.
- No gano suficiente dinero para el tiempo que me toma.
- Me quita mucho tiempo y mi familia se queja.
- Me podrían preguntar, "¿Cuanto dinero me cuesta entrar?"

Ahora es el momento de hablar sobre estos problemas.

Aquí tienes un ejemplo de cómo hacemos esto. Patrocinamos a un nuevo miembro en el equipo. El nuevo miembro habla con su mejor amigo, quien se une pero renuncia al día siguiente. Esto es devastador para nuestro nuevo miembro. El evento ya ocurrió. Estamos en modo de recuperación. Esto es difícil.

¿Pero qué tal si hablamos con anticipación acerca de que este evento podría ocurrir? Tal vez nuestro nuevo miembro diga, "Si mi mejor amigo se une y luego renuncia, eso no será suficiente para sacarme del negocio. Puedo ser exitoso sin mi mejor amigo en mi negocio."

Así, cuando este evento ocurra, él estará preparado mentalmente. Prevenir es siempre mejor que estar en modo de rescate después de una crisis.

Cuando preguntamos acerca de la clase de problemas que preocupan a nuestros nuevos miembros de equipo, también cosechamos otro beneficio. Le ayudamos a nuestros miembros a madurar y aceptar que los problemas son parte de crear un negocio. Los problemas ocurren todo el tiempo. Este negocio no es la excepción.

¿Los nuevos miembros del equipo renunciarán debido a un problema y se irán con nuestra competencia? No. No te preocupes. Nuestra competencia también tiene problemas. Si alguien quiere prevenir problemas, cambiar de compañías no resolverá el problema. Cuando los nuevos miembros de tu equipo se den cuenta de esto, serán capaces de soportar los primeros problemas en su carrera.

OBSTÁCULOS COMUNES EN EL CAMINO.

Cuando patrocinamos suficientes personas, comenzamos a notar un patrón. Las mismas objeciones y bloqueos ocurren una vez tras otra. Tenemos varias herramientas en nuestra caja de herramientas de patrocinador que nos ayudarán a crear pautas para nuestras personas nuevas.

¿Una de nuestras herramientas más efectivas? Historias.

Las historias son la mejor manera de que nuestras mentes aprendan. Piensa en ello. Los cuentos de hadas son bastante obscuros. Pero le enseñan a los niños lecciones para tenerle miedo a los desconocidos, ser demasiado avaros, etc. Nuestras mentes están diseñadas para buscar significado dentro de las historias y esto nos ayuda a recordarlas.

Apliquemos la técnica de las historias a nuestro primer bloqueo.

"Alguien me dijo que no estaba interesado."

Nos encanta el entusiasmo de los nuevos miembros. Ellos rápidamente vieron la oportunidad y asumieron que todos los demás verían la misma grandiosa oportunidad también. Bueno, como sabemos, esto no sucede así a menudo.

En los primeros días, el rechazo puede sacudir su confianza. Amistades cercanas les dicen, "Esto no es para mí. Yo no hago esas cosas."

Nuestros nuevos miembros piensan, "¿Qué? ¿Cometí un error? Déjame pensar más a detalle mi compromiso con esto."

Una manera fácil de calmar a nuestros nuevos miembros es con una historia. Las historias son maneras geniales de transmitir nuestras lecciones.

El boleto de lotería.

Tienes boletos de lotería a la venta. Todos quieren un boleto de lotería por que mañana es el gran sorteo. Mañana anuncian el premio más grande de todos los premios. Hay una fila de 1,000 personas que esperan comprarte un boleto.

La primera persona dice, "Compraré un boleto de lotería. Quiero una oportunidad de ganar el premio de mañana."

La segunda persona dice, "Sí, quiero comprarte un boleto de lotería. No puedo ganar ni tener una oportunidad de ganar a menos que tenga un boleto."

La tercera persona dice, "No estoy seguro. Tal vez no soy el ganador. Déjame investigar la historia de la lotería primero. Necesito hablar con mis amigos. ¿Qué pasa si compro un boleto y no sale ganador? Esto podría ser una estafa del gobierno y no hay nada de premio. ¿Por qué no me puedes garantizar el boleto premiado? Quiero que me convenzas. Por favor pasa las próximas dos semanas dándome seguimiento e invirtiendo tu valioso tiempo para cambiar mi opinión."

Las demás 997 personas en la fila se están impacientando. Además, quieres vender tus boletos de lotería rápido para irte a casa y cenar con tu familia. Le preguntamos a nuestro nuevo miembro, "¿Qué harías en esta situación?"

Nuestro nuevo miembro responde, "Estaría de acuerdo con ese tercer prospecto escéptico. Le diría que tiene razón, que tiene que ir a casa y pensar en ello. Luego, cuando yo sea rico y famoso, podré donar de mi tiempo para cambiar su actitud ante la vida. Pero por ahora, necesito vender estos boletos de lotería y construir mi carrera."

Nuestro nuevo miembro ahora entiende que no todos los que se forman en la fila estarán listos para comprar boletos de lotería. Eso está bien. No lo tomamos personal. No tenemos que preocuparnos por sus razones para no comprar. Por ejemplo, alguien en la fila podría decir, "No comprare ningún boleto de lotería. Me rehuso a comprar algo que empiece con la letra 'L!'" Y para nosotros, eso está bien. Si nuestros boletos de lotería no son buenas opciones para algunas de las personas en la fila, entonces esas personas deberían de hacer lo que es correcto para sus vidas.

Esta es una guía genial de cómo deberíamos enfocar nuestras ventas y patrocinios.

Queremos personas que quieran lo que ofrecemos. Si nuestra oferta es una buena opción para ellos, deberían de sacar ventaja de ella. Si nuestra oferta no es una buena opción para ellos, deberíamos de ir con la siguiente persona.

Ahora, esto es fácil de ver, pero, ¿qué podría ocurrir dentro de la cabeza de nuestros nuevos miembros? Podrían pensar, "Sólo tengo pocos amigos. No tengo 1,000 personas en fila esperando hablar conmigo. Mis prospectos son limitados. Si alguien me dice que no están interesados, debo convencerlos por que no tengo a nadie más con quien hablar."

Es por esto que le enseñamos a las personas el Hábito #2. Les enseñamos maneras de prospectar todos los días dentro de su zona de confort. Estas maneras deben ser cómodas y libres de rechazo para ellos. Cuando visualizan un flujo constante de prospectos nuevos en el futuro, será más fácil que abracen la historia del boleto de lotería. No perderán su tiempo tratando de convencer a un escéptico. Y no tendrán que preocuparse por el rechazo.

Las historias son divertidas. Pero tenemos más herramientas que podemos usar para ayudar a los nuevos miembros del equipo.

¿Qué hay de las analogías? Demos un vistazo.

EL PODER DE LAS ANALOGÍAS.

Las analogías y las metáforas le ayudan a los nuevos miembros del equipo a entender los principios dentro de nuestro negocio. Los seres humanos pueden encontrar difícil el comprender cosas nuevas, a menos que puedan comparar la nueva información con algo que ya conocen. Aquí hay un ejemplo.

Vemos una fotografía de una taza. Sin fondo. ¿Qué tan grande es la taza? ¿Es del tamaño de un carro? ¿Es del tamaño de un borrador de lápiz? No sabemos. La única manera en que podremos adivinar el tamaño de la taza es colocando otro objeto familiar en la fotografía. En este caso, ponemos una mano sujetando la taza. Ahora nuestras mentes puede entender el tamaño de esa taza.

Aquí hay algo interesante. Si alguien nos dice un dato, tal como el tamaño de la taza, lo olvidaremos. Si llegamos a nuestra propia conclusión acerca del tamaño de la taza, es más fácil que lo recordemos. Nuestros cerebros recuerdan nuestras conclusiones, no datos ajenos.

Pongamos esto en acción.

Nuestro nuevo miembro tiene un trabajo. Recibe el mismo cheque todas las semanas. Algunas veces trabaja duro y otras veces no, pero su cheque sigue siendo el mismo. Tiene un sueldo.

Esto no funciona igual en redes de mercadeo. Con mercadeo en red, sólo recibes el pago de tu producción personal. No vendes, no ganas. Vendes mucho, ganas mucho.

Lo único que cuenta es si nuestros nuevos miembros de equipo pueden obtener algunas decisiones de sus prospectos. ¿Cómo podemos comunicar esto con una analogía o una historia? Aquí está cómo.

La historia del pintor de patios.

Tú me contratas para pintar tu patio. Me dices, "Salgo de viaje hoy para mis vacaciones de una semana. Mientras no estoy, pinta mi patio. Mi patio es pequeño, así que sólo debería de tomar un día para terminarlo. Cuando regrese dentro de una semana, te haré el pago."

Como nadie trabaja los fines de semana, eso me deja con cinco días laborables para pintar en tu casa. Vamos a registrar mi actividad para esos cinco días:

Día 1: Celebrar mi nuevo contrato de pintura en el bar local con mis amigos. ¡Cervezas para todos!

Día 2: Recuperarme de una espantosa resaca.

Día 3: Estudiar la historia de la pintura.

Día 4: Decidir qué hacer con el dinero que obtendré contigo.

Día 5: Visualizar cómo se vería un patio recién pintado.

Tú regresas de tus vacaciones después de una semana. Te digo, "Por favor págame por mi trabajo."

Cuando ves tu patio, no ves resultados. Ni una sola gota de pintura nueva en ningún lugar.

¿Me pagarías? No. Me dirías, "No me diste resultados. No lograste nada. Yo sólo pago por resultados."

¿No importa que haya trabajado durante cinco días enteros en tu proyecto de pintura? No. Mi actividad produjo cero resultados. Si repito el mismo calendario la semana siguiente, aún así no tendría ningún resultado.

Y así es como funcionan las redes de mercadeo. Nos pagan por resultados. No nos pagan por esfuerzos. No nos pagan por pensar en ello. No nos pagan por invertir nuestro tiempo. Lo único que nos pagan es por conseguir decisiones positivas de los prospectos.

Aprender, tomar notas, crear tableros de visión, asistir a rallys motivacionales y hacer citas no cuenta en nuestro cheque. Lo que cuenta son los resultados.

Por supuesto que deberíamos aprender. Deberíamos tener sueños y metas. Queremos ser mentalmente fuertes. Sin embargo, no queremos confundir esto con actividades productoras de ingreso que rinden resultados. En algún punto, tendremos que salir a hacer el trabajo.

¿Listos para otra analogía?

Nuestro nuevo miembro dice, "tengo miedo de empezar. Tengo miedo de lo que otras personas puedan decir. No pienso que pueda tolerar los rechazos. No me gustan las ventas. Rogarle a mis amigos para que me compren o se unan me daría un mal sabor de boca. No creo que sea capaz de tolerar este nivel de miedo."

¿Cómo deberíamos responder? Por supuesto que podríamos ser tontos y decir cosas como:

- "Enfrenta tus miedos y tus miedos se irán."
- "La única manera de conquistar el miedo es trabajar hasta vencerlo."
- "Reclama tu poder al rechazar sentir miedo."

Los cerebros de los seres humanos no funcionan así. Evitamos situaciones que nos dan miedo.

¿Cómo podemos darle a nuestro miembro una manera de lidiar con el miedo? Con una analogía. Decimos esto:

"El miedo es bueno. El miedo nos previene de hacer cosas estúpidas. No dejaremos que nos detenga para lograr nuestras metas, sino que es una emoción necesaria que debemos tener para sobrevivir.

Imagina que quieres ir a la tienda a comprar comida para la familia. Conducir es peligroso. Nuestro miedo nos previene de tomar miedos innecesarios en el camino. Gracias al cielo que tenemos miedo porque así podemos regresar de vuelta con vida y con comida para nuestra familia.

Es igual en redes de mercadeo. Nuestros miedos nos previenen de decir y hacer cosas estúpidas. Nuestro miedo debería prevenirnos de continuar conversaciones con personas que no están interesadas. Nuestro miedo nos enseñará a ir al punto de inmediato para no irritar a los prospectos. Y finalmente, nuestro miedo nos ayudará a tener empatía con nuestros prospectos. Ahora podremos ver las cosas desde su punto de vista y mostrarles todo exactamente como quieren.

¿Tienes miedo? ¡Genial! Quédate con miedo. Está ahí para mantenerte seguro y recordarte que tengas buenos modales cuando hables con los demás. Estamos aquí para servir a otros, no para venderles algo que no quieran o necesiten"

¿Qué tal otra analogía?

Los nuevos miembros del equipo pueden crear demasiados dramas en sus cabezas. Imaginarán rechazos, batallas y frustración... ¡antes de que algo suceda! Aquí está nuestra oportunidad de reducir este miedo para que los miembros de nuestro equipo puedan ser más productivos.

Ahora es un buen momento de cambiar su punto de vista de prospectar y vender a compartir una opción.

Aquí está nuestra historia.

"Vender implica que tenemos que convencer prospectos para que compren en contra de su voluntad. Esto no se siente bien. Es como aproximarme a alguien con alergia a los lácteos y querer darle de mi helado. No importa qué tan buenos cierres y técnicas tengamos, no tendremos éxito.

"En lugar de eso, veamos nuestro negocio en mercadeo en red de esta manera. Tenemos millones de prospectos que quieren lo que tenemos para ofrecer. Les ofrecemos una opción de comprar nuestros productos y servicios o unirse a nuestro negocio. Ellos pueden tomar la opción si es que es buen momento para ellos.

"¿Qué hay de las personas que no están interesadas en lo que ofrecemos? No hay necesidad de entrar en desacuerdos o tratar de convencerlos. No a todos les gusta el chocolate, un equipo deportivo, o nuestros productos. Es por eso que tenemos variedad en el mundo. Permitamos que los prospectos decidan lo que es mejor para sus vidas, pero por favor, no mantengamos nuestra opción en secreto."

Piensa en la paz interna que esto le trae a los nuevos miembros del equipo. No toman el rechazo personalmente. Todavía quieren ofrecer productos a nuevas personas. Y no cuestionan su negocio de mercadeo en red por que algunas personas dijeron, "No."

Si se sienten frustrados por que no están recibiendo resultados, les recordaremos que con mejores habilidades y experiencia, sus opciones conseguirán más prospectos.

"Opciones" es una poderosa palabra. Alivia nuestro estrés y el estrés de nuestro prospecto. Aquí está la historia de "opciones" favorita de Keith:

"Imagina que tú y yo estamos sentados tomando una taza de café. La mesera se aproxima y dice, '¿Le gustaría crema con su café?' Y tú respondes, 'Sí.'

"Después la mesera me pregunta, '¿Le gustaría crema con su café?' Y yo le digo, 'No, prefiero mi café negro.'

"No vemos a la mesera regresar a la cocina, azotar la crema contra la pared y gritar, '¡Me dijeron que no! ¡Renuncio! ¡Esto es pirámide!'

"No. La crema sólo era una opción. A la mesera no debería importarle si tú quieres crema y yo no."

Usar analogías hace fácil que las personas comprendan nuevos conceptos. Con buenas historias y analogías, los nuevos miembros del equipo aprenderán rápidamente.

Dos importantes principios de mentalidad:

#1. Las personas detestan las presentaciones. Una presentación significa que alguien tratará de venderles algo. Tienen que pensar razones por las que no funcionará, para que tengan municiones en caso de que tratemos de cerrarlos al final.

En lugar de eso, usaremos "opciones" como palabra. Opciones significa que está bien decir "sí" o "no." Pero la única manera de que las opciones beneficien a nuestros prospectos es si pueden encontrar una manera de que las opciones funcionen para ellos. Eso significa que estarán buscando razones para el "sí" y no razones para el "no." Ahora los prospectos se relajan y escuchan con mente abierta.

#2. Redes de mercadeo es algo que hacemos por alguien, no a alguien. Las personas detectan nuestras intenciones al ver nuestro lenguaje corporal, expresiones micro-faciales y tono de voz. Todas estas cosas ocurren en los primeros pocos segundos.

En lugar de buscar "prospectos," queremos que los miembros de nuestro equipo reemplacen "prospectos" con "personas que puedo ayudar." Ahora no escucharemos frases como, "Voy a salir a buscar prospectos." En lugar de eso, cambiarán su mentalidad a, "Voy a salir a buscar personas que puedo ayudar."

CÓMO CONSEGUIR ACCIÓN MASIVA DENTRO DE NUESTRO EQUIPO.

Cuando se acerca la convención de la compañía, el equipo trabaja duro. Hablan con personas nuevas. Fijan citas. Y duplican sus actividades para calificar a los reconocimientos de la convención.

¿Después de un emocionante día en la convención? Nada. El equipo espera por otra venta, promoción o gran evento. Las cosas se tranquilizan. El momentum llega a un alto. Y luego se pone peor. Los miembros del equipo se quejan por que el negocio no está funcionando. No están recibiendo el dinero que piensan que merecen. Nadie quiere entrar.

Como patrocinadores, vemos estos ciclos una y otra vez. Es desgastante. Es frustrante. Y queremos solucionarlo.

¿Pero cómo obtenemos acción constante de los miembros del equipo que están a medio tiempo y tienen prioridades en sus vidas? El negocio podría ser nuestra vida, pero no la de ellos.

Para resolver esto, necesitamos comprender la naturaleza humana.

A los humanos les gustan las comunidades. A los humanos les gusta ser parte de algo. Muy pocos de nosotros quieren ser solitarios o marginados sociales. Usaremos este conocimiento para comenzar a construir actividad consistente y volumen para nuestro equipo

El plan.

Demos un vistazo a las vidas de nuestros miembros actuales. Los miembros de nuestro equipo:

- Piensan sobre nuestro negocio entre cada programa de televisión.
- Fijan metas y las olvidan.
- Tienen demasiadas distracciones.
- No tienen una simple estrategia.

Esto obviamente no funciona. Pero antes de proceder, ¿qué queremos lograr? Queremos que los miembros del equipo:

- Piensen sobre nuestro negocio todas las semanas.
- Hagan prospección regularmente.
- Se relacionen y sean leales.
- Adoren las conexiones sociales.
- Se sientan activos e involucrados.
- Construyan creencia en su negocio.
- Desarrollen más habilidades.

¿Demasiado bueno para ser verdad? Veamos cómo conseguiremos esto.

El reporte semanal en videoconferencia.

Organiza una reunión online una vez por semana. La reunión online será sólo 20 o 30 minutos cuando mucho. ¿Por qué?

1. Queremos conservar nuestro tiempo.

2. Nuestros equipos amarán nuestras reuniones online de equipo y asistirán si son breves. Estarán esperándolas.

¿Qué lograremos durante nuestra reunión de equipo?

Queremos darle a los miembros de nuestro equipo una tarea fácil que construya sus negocios. Como sabemos, las lecciones y las notas son buenas para habilidades de la memoria. Pero los resultados vienen cuando ponemos las habilidades en acción.

Esta reunión semanal no es para instrucciones y tomar notas. Esta reunión semanal es para... ¡acción!

Sin acción = sin resultados.

¿Qué podría ser esta fácil tarea?

Decir una simple frase, una vez por día.

Esta frase será una frase para romper el hielo que le de opciones a los prospectos. Cuando los prospectos responden a esta frase, toman una decisión. Eso hace que la elección sea automática.

Debemos asegurarnos de que esta frase esté libre de rechazo y que no haya oportunidad de quedar en ridículo. Queremos que los miembros de nuestro equipo fácilmente digan esta frase una vez al día. Aquí hay algunos ejemplos:

- Para servicios: "¿Tiene sentido bajar nuestras tarifas, en lugar de dejarlas arriba?" O, "¿Estaría bien si tu factura eléctrica fuera más baja?"

- Para dietas: "¿Estaría bien si pudieras perder peso sólo cambiando lo que desayunas? O, "Acabo de encontrar cómo podemos convertir nuestros cuerpos en máquinas quema-grasa."
- Para cuidados del cutis: ¿Estaría bien si pudiéramos arreglar nuestras arrugas desde adentro?" O, "Acabo de encontrar cómo podemos hacer que nuestra piel se rejuvenezca mientras dormimos."
- Para nuestra oportunidad: "¿Tiene sentido recibir pagos dos veces por mes, en lugar de sólo una vez al mes?" O, "¿Estaría bien si pudiéramos trabajar desde casa en lugar de conducir al trabajo?"
- Para viajes: "Si quieres pagar menos en lugar de los precios normales cuando viajas, hablemos." O, "¿Tiene sentido que te paguen cada vez que tus amigos tomen unas vacaciones?"

Estos son sólo algunos ejemplos básicos para romper el hielo que provocan que las personas tomen una decisión instantánea. ¿Y notamos que todas estas frases eran seguras?

Cada miembro del equipo elegirá una frase que le gustaría decir. Asegúrate de elegir algo cómodo para que todos estén felices y relajados cuando hablen con los prospectos.

Vamos a planificar nuestra reunión de Zoom de 20 minutos.

Primero, demos la bienvenida a todos.

Después, damos nuestro reporte personal primero. ¿Por qué? No para impresionar a los miembros del equipo, sino para ayudar a que todos se relajen. A nadie le gusta ser el primero.

Nuestro reporte podría sonar algo como esto.

"Yo escogí esto como mi frase de esta semana, 'Si trabajar desde tu casa suena mejor que ir a trabajar, vamos a platicar.' Dije esta frase seis veces esta semana. ¿Mis resultados? Tres personas quisieron tener una conversación de inmediato. Y aquí hay otra cosa grandiosa que me pasó esta semana. Mi hijo llegó a casa con su primera calificación excelente en matemáticas. Su tutor está haciendo un trabajo genial."

Eso es todo. Nuestro reporte podría tomar 30 segundos. Nuestro reporte personal deberá contener estas cuatro cosas:

1. La frase que elegimos.

2. Cuántas veces dijimos nuestra frase.

3. Nuestros resultados al decir esta frase.

4. Y algo bueno que nos pasó esta semana.

Aquí está por qué hacemos estas cuatro cosas.

#1. El repetir nuestra frase, nos ayuda a mejorar. Además, algunos miembros de la llamada podrían querer usar nuestra frase la siguiente semana. Tal vez se siente mejor para ellos que su frase actual.

#2. Cuando le decimos a todos cuántas veces dijimos nuestra frase, ese es nuestro reporte de desempeño. Esto es... ¡acción! Nuestro trabajo sólo es decir la frase. No podemos controlar las vidas de los prospectos que escuchan nuestra frase. Esto nos ayuda a motivarnos para decir la frase con frecuencia. No queremos reportar que dijimos la frase una sola vez durante toda una semana. Eso sería vergonzoso.

#3. Reportamos nuestros resultados al decir nuestra frase. Recuerda, no estamos apegados al resultado. Pero reportar nuestros resultados le deja saber a los demás que algunas personas estarán interesadas y otras no, eso es normal.

#4. Reporta algo bueno que nos ocurrió durante la semana. Nadie quiere escuchar negatividad y problemas. Pueden escuchar suficiente negatividad en las noticias después de que terminemos. En lugar de eso, si todos reportan algo bueno que ocurrió, le da a los asistentes una prueba social de que pueden pasar cosas buenas en nuestras vidas. Cuando escuchamos todas estas cosas buenas que sucedieron, construimos una creencia de que no importa qué tan mala haya sido nuestra semana, la siguiente nos puede ir mejor.

Bueno, fuimos los voluntarios para hablar primero. Se terminó nuestro turno. Ahora es el turno de la siguiente persona.

Todos toman su turno y dan su reporte. Para algunos, esto los ayudará a superar su timidez. Están con un grupo que los apoya y esta podría ser la primera vez que hablan en público frente a un grupo. Es un desarrollo personal grandioso.

Después de que cada miembro participa, deberíamos hacer un cumplido a nuestro miembro por participar con su reporte. No hacemos ningún juicio si algunos miembros del equipo no dijeron su frase en lo absoluto, o si no pudieron recordar cómo reportar estas cuatro cosas. Nosotros animamos a todos.

Después de todos los reportes, damos unas palabras de motivación. Después de todo, somos los líderes de esta reunión. Podríamos decir algo como esto:

- "Estoy totalmente seguro de que todos aquí llegarán a Súper Director Ejecutivo. No sé qué tan rápido, pero todos aquí se acercan más cada semana."
- "No sabes qué sucederá la próxima semana. Una persona con la que hables podría hacerte ganar $20,000. Sólo tienen que escuchar tu frase."
- "Nuestro trabajo es darle una oportunidad a las personas para que vivan la vida de sus sueños. Comparte la frase que elegiste. Nuestra obligación es darle a los demás una oportunidad. El resto depende de ellos."

¿Después?

Esta reunión semanal de equipo también es un grupo de estudio. Seleccionaremos un libro para estudiar. (Punto de vista sesgado… los libros de Big Al son geniales para este propósito.) No lo compliques. Selecciona un libro fácil. Y asigna un capítulo por semana. Queremos capítulos cortos cuando comenzamos. Toma tiempo construir hábitos.

Podemos tener un grupo de discusión durante unos minutos para nuestros mejores aprendizajes y revelaciones del capítulo. Tal vez podríamos compartir lo que tomamos para poner en acción esta semana.

Esto significa que todos los asistentes están mejorando cada semana.

Y finalmente, podemos hacer cualquier anuncio.

Y eso es todo.

Nuestra llamada semanal ha terminado.

Para los miembros de nuestro equipo, esta es una oportunidad de ponerse al día para ver lo que sus amigos están haciendo cada semana. Estarán en espera de la junta. Y al final de cada llamada, todos querrán hacerlo mejor para la semana siguiente.

Usemos esta simple inversión de 20 minutos por semana para regresarle la vida a nuestro negocio. Esto es sólo un método para hacer que todos en el equipo se activen y permanezcan involucrados.

Como patrocinadores ya deberíamos de tener una biblioteca de frases de apertura grandiosas. Si no, aquí hay dos libros para comenzar: *Rompe el Hielo* y *Primeras Frases para Redes de Mercadeo*. Esto nos dará cientos de frases posibles.

Si encuentras que tu grupo está entusiasmado acerca de este corto evento semanal, la mayoría querrá su propio libro para su lectura semanal. Esto es desarrollo personal en acción.

Pero, seamos creativos. Keith tiene un grupo que ha estado estudiando Piense y Hágase Rico cada semana por más de 20 años.

Esto es como una reunión de ex-compañeros cada semana. :)

Y como beneficio extra, si nos asociamos con personas serias que quieren aprender juntas, es contagioso.

¿Asociarnos con personas negativas? Eso también es contagioso. Esto es mejor.

Es por eso que las reuniones de acciones semanales funcionan tan bien.

UNA MANERA GRANDIOSA DE EXPLICAR CÓMO COMENZAR.

Disfruto escuchando cómo otras personas explican redes de mercadeo. Hace algunos años, recogí esta gema mientras escuchaba a Pete Hamby. Él explicó cómo comienza a los nuevos miembros en el equipo diciendo:

Hay dos tipos de empresarios en mercadeo en red.

1. Aquellos que "saben con quién…"

2. Aquellos que "saben cómo."

Al comienzo, los nuevos miembros del equipo conocen prospectos. Son los que "saben con quién."

Los nuevos miembros del equipo tienen un mercado caliente, fresco de familiares, amistades y conocidos. No tienen que preocuparse acerca de construir afinidad con prospectos. Ya tienen una audiencia.

¿Pero cómo saben qué decir los nuevos miembros del equipo? ¿Saben cómo funciona nuestro negocio? Por supuesto que no. Hay un hueco de conocimiento. No saben cómo explicar su negocio. Sus acercamientos y presentaciones podrían desanimar a las personas.

Como patrocinadores, somos quienes "saben cómo." Los nuevos miembros pueden conectarnos con sus prospectos iniciales. Mientras explicamos cómo funciona nuestro negocio con sus nuevos prospectos, ellos pueden observar y aprender.

Eventualmente, los miembros del equipo se gradúan de "saber con quién" a "saber cómo."

Así, pueden ayudar a los nuevos miembros del equipo de la misma forma en la que les ayudamos a ellos.

A Keith y a mí nos gusta ayudar a los nuevos miembros del equipo. Les quita la presión. Se sienten seguros observando la carnicería. No se hace daño al ego de los nuevos miembros.

Esto es ganar-ganar para todos.

Los nuevos miembros no estarán nerviosos de dar su primera presentación. El patrocinador estará ocupado dando presentaciones y construyendo el equipo.

¿Y los prospectos? Ellos reciben presentaciones profesionales y pueden tomar una mejor decisión sobre si nuestro negocio es para ellos o no.

¿Pero qué tal si los nuevos miembros tienen miedo de contactar prospectos?

Los nuevos miembros se quejan, "Tengo miedo a las ventas. No sé vender no soy social ni quiero molestar a nadie. No quiero vender."

¿Cómo podemos manejar estos miedos? Aquí están algunas estrategias.

Estrategia #1. Explicamos que el miedo es una emoción automática básica. No podemos elegir no tener miedo y cautela. Esta es una buena emoción que los humanos tienen. El miedo nos aleja de estupideces y nos ayuda a sobrevivir.

Estrategia #2. ¿Te sientes mal? Eso es autoinducido.

La pregunta más grande es, "¿Por qué me siento mal?"

Esto ocurre cuando tratamos de "venderle" a los prospectos algo que no necesitan. Tenemos una mirada retorcida de que vender es obligar a las personas a que hagan algo que no las ayuda. Probablemente hemos visto muchas películas con vendedores engañosos en lotes de carros usados tratando de manipular a las personas para que compren cacharros caros.

En lugar de eso, vamos a justar nuestra visión sobre el proceso de ventas.

Aquí está cómo funciona la venta.

Paso 1. Escuchar a nuestro prospecto para saber si tiene un problema.

Paso 2. Preguntarle a nuestro prospecto si quiere resolver el problema.

Paso 3. Saber cuándo quieren los prospectos resolver su problema –ahora, o en algún momento en el futuro.

Paso 4. Si desean resolver su problema ahora, les ofrecemos nuestra opción, o pueden elegir continuar con sus vidas como están.

Esta visión de las ventas elimina la mayoría de los miedos.

Estrategia #3. "Percepción" y "expectativas" son más importantes que lo que ofrecemos.

Por ejemplo, podríamos ofrecer una excelente oportunidad de negocio. Pero, ¿qué tal si nuestros prospectos perciben la oportunidad como algo que es demasiado difícil de hacer? O, ¿qué tal si los nuevos miembros esperan que todos digan "sí" y los rechazan?

Estos problemas son mucho más importantes que una presentación de PowerPoint. Y esto es lo que separa a los profesionales de los amateur.

Aquí está un ejemplo.

Si le damos a los nuevos miembros la expectativa de que sólo algunas personas dirán "sí," no estarán destrozados cuando alguien los deje abajo. Está esperado.

¿Cómo hacemos esto?

Decimos a los nuevos miembros del equipo que casi todos necesitan nuestro producto o nuestra oportunidad. Sin embargo, el día de hoy puede no ser el mejor momento de aprovecharla. ¿Por qué?

- Están ocupados justo en el momento que llamamos.
- No sabemos lo que les sucedió 30 minutos antes de que los contactáramos.
- Puede que acaben de perder su empleo y estén ocupados con ese asunto.

- Están en periodo de recuperación después de que un molesto vendedor timbró en su puerta.
- Tuvieron una discusión con su pareja y no pueden pensar en nada más ahora.

Puede haber otras razones, pero entendemos la idea.

Nuestra obligación es mostrarles la oportunidad. No es nuestra obligación tomar decisiones por otras personas. No queremos ser responsables de sus vidas. Además, si no les mostramos nuestra opción, eso significaría que estamos tomando la decisión por ellos. Esto es injusto. Es por esto que presentamos nuestra oferta como opción.

Estrategia #4. Recordarle a los prospectos que es algo que hacemos POR las personas, no A las personas.

Nuestra intención siempre debe ser darle a las personas una nueva opción en sus vidas. Después, dejar que ellos decidan si la opción y el momento es el correcto.

Si nuestra intención es venderle algo a quien sea para que podamos calificar por una comisión o un pin en la solapa, eso se mostrará en nuestras micro-expresiones faciales, nuestro lenguaje corporal, nuestro tono de voz y nuestras palabras. Los prospectos son listos. Sienten nuestras intenciones.

Cuando tenemos buenas intenciones, no sólo removemos nuestros miedos, sino que obtenemos mejores reacciones de los prospectos.

POR QUÉ LOS SALTAMONTES NO PUEDEN CONDUCIR.

Aquí tienes el por qué los saltamontes no pueden conducir.

Toma un saltamontes y ponlo en el asiento del conductor de tu auto.

Y grita, "¡Maneja!"

¿Qué hace el saltamontes. Nada.

Y esto demuestra que los saltamontes:

- Son unos perezosos.
- No tienen motivación.
- No escuchan.
- No han hecho su tablero de visión.
- No "lo quieren" lo suficiente.
- No tienen un fuerte "porqué."
- Reprobaron la escuela de desarrollo personal.
- Tienen actitud de perdedores.
- No son enseñables.

Estas serían las conclusiones equivocadas.

Nunca le enseñamos al saltamontes cómo manejar. Entonces, ¿cómo podemos esperar que el saltamontes sepa cómo hacerlo? (Está bien, sus piernas son muy cortas.)

Es lo mismo con nosotros y los miembros de nuestro equipo. No aprendimos el paso-a-paso de "cómo" motivar, hablar con prospectos, o presentar. No me lo enseñaron en la escuela. ¿En la tuya?

Le decimos a nuestros miembros, "¡Motívate! ¡Toma acción!"

¿Cómo funciona eso?

Usualmente, nada bien.

Luego gritamos:

- "Enfrenta el miedo y el miedo se irá." (No he visto que pase mucho.)
- "Cada 'no' te acerca más a un 'sí.'" (¿La realidad? Nos acerca más a otro 'no,' así que no lo intentamos.)
- "¡La victoria es de quienes toman acción!" (Suena bien, pero es difícil comenzar.)
- "¡Sólo sal y habla con más gente! (Y nuestro equipo repetirá las mismas palabras que no funcionaron la última vez.)

Así que cuando nuestro equipo no se mueve, saltamos a la siguiente conclusión. Asumimos que son perezosos y no están motivados.

Pero piensa en nuestros nuevos miembros. Renunciaron a una noche de televisión para asistir a nuestra presentación. Metieron la mano a su bolsillo e invirtieron algo de su dinero bien ganado. ¿Qué parte te suena como a perezosos y desmotivados?

Claro que no.

Quieren trabajar. Quieren tener éxito. Pero simplemente no saben exactamente qué decir ni qué hacer.

Hablan con personas, dicen las cosas mal, los rechazan. No les toma mucho detectar el patrón. Y luego se detienen.

¿Es hora de solucionarlo?

EL EXAMEN QUE LOS EMPRESARIOS DE REDES DE MERCADEO TIENEN MIEDO DE TOMAR.

Un perro persigue un coche. El perro nunca piensa, "¿Qué voy a hacer si alcanzo al coche?"

Las buenas noticias son que los miembros de nuestro equipo no pueden esperar para hablar con los prospectos. "¡Esta oportunidad es fantástica! Quiero decirle a todos ahora."

Nos encanta cuando las mentalidades positivas llevan a las personas a realizar actividades exitosas. Pero como patrocinadores inteligentes, podemos hacer más.

Por que aquí están las malas noticias. Cuando nuestro equipo sin entrenamiento finalmente hace que los prospectos les presten atención, ¡no saben qué decir!

Cuando ingresamos, vemos la gran visón de nuestro negocio. Entendemos lo que este negocio podría significar para nosotros. ¡Qué emoción! Naturalmente tomamos la conclusión de que todos los demás verán exactamente la misma visión. Y, eso no es verdad.

Muchos prospectos tienen experiencias de vida y programas que los detienen. Son escépticos. Buscan razones para no cambiar. Y no creen que nada nuevo pueda ocurrir en sus vidas. Estos son nuestros prospectos negativos del futuro.

El nuevo miembro de nuestro equipo se topará con esta persona pronto. Podemos armarlos con algunas frases y habilidades ahora. ¿Por qué no darles la mejor oportunidad de tener éxito cuando hablen con su primer prospecto?

Una fácil manera de explicar esto es imaginar que la prospección requiere dos habilidades básicas.

Habilidad #1: Localizar prospectos con quién hablar. Si no tenemos prospectos, nada pasa.

Habilidad #2: Decir las cosas correctas a los prospectos. Si nuestros prospectos no nos creen ni confían en nosotros, nunca se afiliarán.

Cuando comencé en redes de mercadeo, hablé con cientos de prospectos. Sin resultados. Estos prospectos no eran tontos. Querían una oportunidad. Desafortunadamente, no les gustó como les describí la oportunidad. Incluso si estaban desesperados por una oportunidad, cuando abría la boca, cambiaban de opinión.

Los nuevos miembros del equipo tienen prospectos con quién hablar. Deberíamos entrenarlos con las palabras correctas. Si nuestros nuevos miembros se atoran al aprender qué decir, podemos darles este pequeño examen. Esto debería de convencerlos de que necesitan invertir algunos momentos en su entrenamiento antes de aproximarse con sus prospectos. Mientras que queremos acompañarlos en sus primeras citas, puede que no sea posible.

EL EXAMEN QUE LOS EMPRESARIOS DE REDES DE MERCADEO TIENEN MIEDO DE TOMAR.

¿Listos? Aquí está el examen de cinco preguntas.

Pregunta #1: ¿Cuál es tu mejor frase para romper el hielo? Escríbela palabra por palabra.

Pregunta #2: ¿Cuál es tu mejor "sound bite" para tus productos o servicios? Escríbela palabra por palabra.

Pregunta #3: ¿Cuál es tu mejor frase o frases de cierre? Escríbela palabra por palabra.

Pregunta #4: ¿Cuál es tu mejor frase para construir afinidad y confianza con tu prospecto? Escríbela palabra por palabra.

Pregunta #5: ¿Cuál es tu mejor respuesta de una frase a la pregunta, "¿A qué te dedicas?" Escríbela palabra por palabra.

Antes de seguir avanzando, vamos a tomar este examen nosotros mismos ahora.

¿Anotaste tus respuestas a estas cinco preguntas? Elige cuál de las siguientes afirmaciones se aplica a ti.

- No tengo respuestas. Tal vez es por esto que redes de mercadeo es difícil para mí.
- No tengo respuestas, enviaré a los nuevos miembros de mi equipo a hablar con los demás, totalmente sin entrenarlos. Esto no terminará bien.
- Tenía demasiada flojera para escribir mis respuestas. Sin comentarios.
- Fingí que tenía las respuestas. Mi estrategia actual está basada en esperanza y bueno deseos.

- Tengo respuestas claras, palabra por palabra. Puedo ayudar a los miembros de mi equipo.

Sin importar cuál sea nuestro puntaje personal aquí, debemos de tomarlo con seriedad si queremos servir a los nuevos miembros del equipo. Así que, regresemos con ellos.

Por supuesto que los nuevos miembros del equipo no tienen las respuestas a estas preguntas.

Obtendremos una hoja de papel en blanco, o algunos garabatos ilegibles.

Los miembros de nuestro equipo tienen una mente abierta. Prestarán atención a nuestras respuestas y sugerencias. Cuando conocen estas respuestas, sus niveles de confianza aumenta. Los prospectos reaccionan positivamente a los presentadores con confianza. Ahora será más fácil que ingresen miembros nuevos.

¿Quieres algunos ejemplos de respuestas posibles? Aquí hay algunas para comenzar, pero ya deberíamos de tener nuestras favoritas.

Pregunta #1: ¿Cuál es tu mejor frase para romper el hielo?

- "Acabo de encontrar cómo podemos trabajar desde nuestra casa en lugar de pelear contra el tráfico para ir a trabajar."
- "Tengo curiosidad, ¿te gustaría perder peso sólo cambiando lo que tomas en el desayuno?"
- "¿Te gusta cuidar bien a tu piel?"

EL EXAMEN QUE LOS EMPRESARIOS DE REDES DE MERCADEO TIENEN MIEDO DE TOMAR.

- "¿Qué harías con el dinero si tuvieras un cheque extra cada mes?"
- "¿Odias lo mucho que cuesta salir de vacaciones?"
- "¿Sientes que envejecer realmente duele?"
- "¿Estás de acuerdo con trabajar 45 años como nuestros padres?"

Pregunta #2: ¿Cuál es tu mejor sound-bite para tus productos o servicios?

- "Esto convierte tu cuerpo en una máquina quema-grasa."
- "Gana dinero cada vez que tus vecinos levanten el teléfono."
- "Dos cheques son mejores que uno."
- "Nuestro rostro es nuestra mejor primera impresión."
- "Las arrugas están sobrevaloradas."
- "Siéntete como de 16 de nuevo, pero con mejor juicio."
- "Toma vacaciones de cinco estrellas por el precio de un Holiday Inn."

Pregunta #3: ¿Cuál es tu mejor cierre de una o dos frases?

- "Esto te funciona o no. ¿Qué quieres hacer?"
- "¿Qué sería más fácil para ti, continuar sobreviviendo con un cheque, o comenzar a construir un cheque extra esta noche?"
- "¿Tiene sentido comenzar hoy, en lugar de tratar de seguir viviendo con un cheque?"
- "¿Estaría bien que comiences ahora, para poder hacer esto juntos?"

- "Entonces, es tu decisión. Comenzar un negocio ahora, o posponerlo para después."

Pregunta #4: ¿Cuál es tu mejor frase para construir afinidad y confianza con tu prospecto?

- "La mayoría de las personas sienten que los trabajos les roban mucho tiempo de su semana."
- "Bueno, tú sabes cómo no tenemos tiempo de hacer ejercicio para perder peso?"
- "¿Detestas este trabajo tanto como yo?"
- "Bien, tú sabes cómo las vacaciones y los viajes son muy caros."
- "¿Te has fijado cómo todo es más caro hoy en día?"
- "¿Alguna vez has notado que las arrugas se multiplican conforme envejecemos?"
- "¿Detestas pelear contra el tráfico para ir a trabajar tanto como yo?"

Pregunta #5: ¿Cuál es tu mejor respuesta de una frase a la pregunta, "¿A qué te dedicas?"

- "Yo le muestro a las personas cómo hacer que su piel rejuvenezca mientras duermen."
- "Le ayudo a las personas a trabajar desde sus casas para no tener que conducir hasta el trabajo."
- "Yo le ayudo a las madres a quedarse en casa cuidando a sus hijos, para que no los tengan que almacenar en la guardería cuando trabajan a tiempo completo."

- "Le ayudo a las personas a perder peso una vez y no recuperarlo nunca."
- "Le muestro a las personas cómo despedir a su jefe y tener su propio negocio."

Cuando los nuevos miembros de tu equipo comienzan, naturalmente querrán ir con sus mejores prospectos primero. Así que vamos a armarlos con algunas buenas frases. Ya deben de tener buena afinidad con estos prospectos nuevos. Esta es su oportunidad de oro para comenzar rápidamente su negocio.

¿Por qué es tan importante este examen de cinco preguntas?

Porque es lo que hacemos antes de entrar en contacto con nuestros prospectos lo que hace la mayor diferencia.

Piensa en los atletas profesionales. ¿Qué es lo que hacen durante años y años antes de participar como profesionales? Aprenden las habilidades y practican. No aparecen en el evento un día y dicen "Déjenme probar mi suerte. Veamos qué tan bien lo hago."

Cada tenista, futbolista o boxeador profesional aprendió qué hacer y luego, lo practicó hasta el cansancio antes de competir.

Sus entrenadores no dijeron, "Sólo sal y consigue 100 derrotas. Cada derrota te acerca más a una victoria."

Entonces, no deberíamos decir, "Sólo sal y consigue 100 personas que te digan 'no.' Cada 'no' te acerca más al 'sí.'"

Eso ni siquiera es cierto. ¿Por qué?

Por que si estamos diciendo las palabras incorrectas que consistentemente hacen que la gente responda 'no,' entonces cada 'no' nos acerca más a otro 'no.' Esto no se arregla por sí solo.

Responder estas cinco preguntas debería por lo menos ser la primera lección en el comienzo de los nuevos miembros de nuestro equipo.

RESISTENCIA.

Sólo se necesita una excusa para hacer que los nuevos miembros del equipo dejen de trabajar.

Una.

En el comienzo, los nuevos miembros del equipo tienen muchas preocupaciones y objeciones. Las preocupaciones más serias podrían hacer que se detengan y no avancen. Nuestra estrategia es tener respuestas satisfactorias para la mayoría de sus temores más grandes. Esta historia modificada de Mini-Guiones para los Cuatro Colores de las Personalidades, ilustra cómo las dudad pueden congelarnos.

◇◇◇

Queremos comprar una casa más grande. El agente nos lleva a un bello vecindario y nos muestra la casa perfecta. ¿Suficientes habitaciones? Sí. ¿Suficientes baños? Sí. ¿Las escuelas del vecindario son geniales? Sí. ¿Los vecinos? Las personas más amigables que hayamos conocido.

Todo es perfecto excepto por una cosa. Miramos por la ventana trasera de nuestra potencial casa de los sueños, notamos que hay una gran presa. En una esquina de la presa hay algunas pequeñas grietas. Le preguntamos al agente, ¿"Esa presa tiene mucha agua?" El agente responde, "Sí, tiene toda el agua para la cuidad entera."

Entonces le preguntamos de nuevo al agente, "¿Ves esas pequeñas grietas sobre la esquina de la presa?" Él responde, "Sí. Esas grietas han estado ahí por mucho tiempo. No te preocupes por ellas."

Después regresamos a casa para pensar sobre la casa que acabamos de ver. ¿En qué es en lo que más pensamos?

Sí, las grietas sobre la presa. Nos preocupa que si compramos esta casa, cometeremos un enorme error. Todo lo demás es perfecto. Pero incluso cuando el agente nos aseguró que esas pequeñas grietas no eran nada inusual, continuamos preocupados sobre esas grietas.

¿Qué ocurre? Eventualmente buscamos otra casa para comprar. Renunciamos a la casa de nuestros sueños y compramos una que es inferior, pero nos sentimos seguros de que no tomamos una mala decisión

◇◇◇

Podemos mostrarle a los nuevos miembros del equipo la oportunidad más increíble del mundo. Pero una sola pequeña falla puede capturar su atención y detenerlos de avanzar.

¿Entonces, cuándo es un buen momento de discutir estos problemas que los paralizan?

Antes de que surjan, por supuesto.

Si esperamos hasta que los problemas paralizantes aparezcan, resolverlos será mucho más difícil. De cualquier forma, debemos estar preparados para explicar cómo estos problemas no serán asesinos de carreras.

Los seres humanos temen cometer errores. Este miedo proviene de nuestros programas de supervivencia. El miedo es real, pero el miedo no significa que no podamos avanzar. Si nuestras respuestas ante sus miedos son satisfactorias, ese será el primer paso para mover a los nuevos miembros del equipo a superar sus obstáculos.

Si nuestras respuestas ante sus miedos no son satisfactorias, los miembros del equipo recurren en automático a esta estrategia:

Sentarse en la esquina, esperando que algo suceda en su negocio.

Auch.

Veamos algunos miedos comunes y problemas que los nuevos miembros de nuestro equipo enfrentarán.

"¡NO QUIEREN MI AYUDA!"

No podemos ser mentores si nuestros nuevos miembros del equipo no se dejan enseñar.

Muchos miembros del equipo tienen sus propias ideas sobre cómo quieren hacer redes de mercadeo. Ignorarán nuestros consejos y tratarán de hacerlo a su manera.

¿Por qué? Tal vez tienen una habilidad especial que es difícil de duplicar y quieren aplicarla en su negocio. O tal vez tienen una fuente especial de prospectos.

O, pueden ser líderes natos y con iniciativa propia que no quieren escuchar nuestros consejos. Ya saben cómo hacer todo mejor que cualquiera.

Antes de desanimarlos, consideremos esto. Tienen iniciativa. Eso es bueno. Amamos a quienes tienen iniciativa.

Aquí está una manera con tacto de ofrecerles algo de guía. Simplemente decimos:

"Como 15 millones de otros distribuidores comenzaron el mismo viaje que tú estás por comenzar. ¿Te gustaría saber algunos secretos interesantes que descubrieron?"

La mayoría dirá, "Sí."

Es mucho más fácil dar consejos cuando son solicitados. Respetamos su opinión sobre que si saben cómo hacerlo mejor. No atacamos su ego diciendo, "Escúchame." En lugar de eso, les pasamos algunos secretos que podrían querer saber.

¿Y qué les podríamos pasar primero?

¿Qué tal el examen de cinco preguntas que acabamos de terminar?

Ahora, ¿esto será problema para nuestros nuevos miembros?

Cuando patrocinen a sus primeros miembros en su equipo, ¿los nuevos miembros querrán escuchar sus consejos?

Ah, ellos lo experimentarán también. Pero ahora los hemos preparado para el problema. Sabrán cómo decir:

"Como 15 millones de otros distribuidores comenzaron el mismo viaje que tú estás por comenzar. ¿Te gustaría saber algunos secretos interesantes que descubrieron?"

¿Esta creencia de "lo-hago-solo" aplica con todos?

No. La mayoría de los miembros quiere ayuda y consejos de sus patrocinadores. Esperan comunicarse con nosotros con regularidad.

¿Tenemos un sistema para mantenernos en contacto con nuestro equipo? Si no, la profesional en redes de mercadeo, Holly Martin tiene esta genial regla de siete días. Ella dice,

"Habla con cada miembro del equipo por lo menos una vez cada siete días y con más frecuencia comenzando sus carreras."

Somos patrocinadores. Eso significa que los nuevos miembros del equipo no deberían de tener que descifrarlo solos.

AYUDANDO A LOS NUEVOS MIEMBROS CON EL RECHAZO.

"No."

"No."

"No."

"No."

¡Cuatro rechazos seguidos! No puedo creerlo.

Era tarde, en una lluviosa noche de domingo. Art Jonak, su hija Julie y yo, estábamos saliendo de un mercado nocturno en Tailandia.

Corrí bajo la lluvia para ver si el primer taxi en la fila nos llevaría a donde necesitábamos ir. "No." Esa fue una respuesta corta. El segundo conductor por lo menos dio una pausa antes de anunciar, "No."

Me estaba empapando en la lluvia. Art y Julie estaban secos debajo de un techo en el mercado.

El conductor del taxi #3 y el conductor del taxi #4 tampoco querían llevarnos a donde queríamos ir.

Y ahora, la decisión.

1. ¿Debería tratar de convencer a los primeros cuatro conductores de cambiar de opinión, abandonar sus objeciones y agendar una llamada de seguimiento? O,

2. ¿Debería de preguntar al conductor del taxi #5?

El agua de lluvia ya comenzaba a rodar por detrás de mis pantalones, así que opté por la opción #2. le pregunté al conductor del taxi #5 si nos llevaría a donde queríamos ir.

Resultó que el conductor del taxi #5 estaba más que contento de llevarnos a los tres a donde queríamos ir. No le importó el asiento mojado que dejé en la cubierta trasera.

Cuando estamos de prisa, el rechazo parece no importarnos tanto. Continuamos haciendo lo que tenemos que hacer para terminar el trabajo. Necesitábamos un aventón.

Entonces, si odiamos el rechazo, una manera de lidiar con nuestros sentimientos es tener prisa. Así, no tenemos tiempo de sentir lástima por nosotros mismos.

Prueba con este proceso de pensamiento la próxima vez que recibamos un rechazo. Hagámonos estas preguntas:

1. "¿Debería de invertir los próximos minutos, horas o semanas tratando de convencer a mi prospecto de cambiar de opinión?" O,

2. "¿Sería más fácil simplemente pasar menos de 10 segundos preguntando a alguien más si está interesado?"

La opción #2 luce muy bien ahora.

No tenemos credenciales de psicólogo profesional. Algunos prospectos podrían tomar años de convencer. Quizá esto es algo que podríamos hacer después de haber construido nuestro negocio de mercadeo en red. Cuando seamos ricos y nos hayamos retirado, podemos ofrecer nuestro tiempo para estos casos extremos.

¿Pero mientras construimos nuestro negocio? Tiene más sentido pasar 10 segundos preguntándole a alguien más si está interesado.

Tenemos prisa por alcanzar nuestras metas iniciales. Podría ser un ingreso de medio tiempo gigante, o quizá un ingreso de tiempo completo. Queremos dejar atrás el dolor y la frustración de nuestras circunstancias actuales y salir adelante pronto. Así como me cansé de sentir la lluvia corriendo detrás de mis pantalones y quería entrar al interior de un taxi seco.

Cuando le presentamos la prospección de esta manera a los nuevos miembros de nuestro equipo, no tomarán el rechazo personalmente. Ellos simplemente lo verán como una señal para preguntarle a alguien más. Ahora estarán pasando un rato mucho más productivo hablando con prospectos con potencial inmediato, en lugar de revolotear encima del mismo puñado de prospectos durante meses o años.

¿Qué podría detener a nuestros miembros de este punto de vista?

Podrían pensar, "Pero no tengo más personas con quién hablar. Déjame nutrir a estas personas que me dijeron 'no.' De esa manera no tengo que salir a conocer personas nuevas."

Es por esto que debemos tener primeras frases que sean libres de rechazo disponibles para nuestro equipo. Necesitan una herramienta para crear un suministro constante de prospectos con quién hablar, no se aferrarán con sus no-prospectos actuales.

NO QUIERO MOLESTAR AMIGOS NI FAMILIA.

Imagina que tenemos la cura contra el cáncer. ¿Le dejaríamos a los demás saber de ella? ¡Sí!

Dependería de ellos decidir si toman la cura o no. Pero nosotros por lo menos querríamos que supieran que hay una cura disponible.

¿Qué tal si no creen en la cura? No hay problema. De nuevo, nosotros querríamos que lo supieran. Sería inmoral que nosotros decidiéramos mantener la cura en secreto. Siempre queremos pensar, "Por lo menos les dejé saber que hay una cura. Fue su decisión tomar la cura o no."

Deberíamos tener el mismo sentimiento acerca del mensaje de nuestro negocio. Queremos que nuestros amigos y familia sepan acerca de nuestros productos, servicios y negocio. Si deciden comprar o participar, esa es su decisión también. Dejarlos con una opción significa menos rechazo. Además, nunca nos sentiremos mal sobre ocultarles nuestros beneficios.

Si podemos instalar esta creencia dentro de los nuevos miembros de nuestro equipo, no tendrán miedo de hablar con otros. En lugar de eso, pueden dar opciones a los demás sin necesidad de estresarse. La mayoría del estrés es auto-inflingido. Proviene de crear historias imaginarias dentro de nuestras mentes.

¿Cuáles son algunas frases que le podemos enseñar a nuestros nuevos miembros para que puedan presentar sus negocios cómodamente? Aquí hay algunas cuantas.

"Esto puede que sea para ti o no. Pero por lo menos quiero que sepas qué estoy haciendo. Comencé un nuevo negocio de medio tiempo y quería saber si te gustaría conocer los detalles."

Eso no dio miedo. Anunciamos que tal vez sería para ellos o no, así que ya tienen su excusa para no escuchar lo que tenemos que decir. Esto debería de ayudarlos a relajarse. Eso es educado.

Muy pocos amigos y parientes serían rudos en sus respuestas. Y si alguien fuera grosero, tomamos una nota mental de que ellos podrían ser una fuerza negativa que podría contaminar el resto de nuestro grupo. Es mejor dejarlos fuera del grupo.

"Me harté de tratar de salir adelante con mi sueldo limitado. Así que comencé un negocio de medio tiempo para ayudarme. ¿Te gustaría escuchar más?"

Dimos la razón por la que elegimos nuestro negocio de medio tiempo. Luego, les dimos la opción de solicitar más detalles si están interesados. Sería fácil para ellos decir "no" a nuestra pregunta. No hay presión. Nosotros deberíamos de estar igual de bien. Ellos no tienen que prejuzgar nuestro negocio, inventar razones de que no funcionará, etc. Todo lo que tienen que decir es "no" a escuchar más detalles.

"Finalmente encontré un producto que funcionó con el acné de mi hija. ¿Conoces a alguien con hijos que tengan problemas de acné?"

No hay presión para la persona con la que estamos hablando. No les pedimos que compren o incluso que vean ningún producto. Y ¿cómo luce esto desde el punto de vista de la otra persona? Ella podría estar pensando, "Estás tratando de ayudar personas. Grandioso. Veré si hay alguien que conozco que podría usar tu ayuda."

"Bajé mi factura eléctrica a casi la mitad. Y le ayudé a mi mamá a bajar la suya un 30% cada mes. ¿Te gustaría que te ayude a bajar tu factura también?"

En este caso, damos los beneficios primero. Mientras que todos quieren pagar menos por su electricidad, algunas personas tienen miedo de cambiar y de la incertidumbre. Queremos hacer el cambio menos atemorizante para ellos. En este caso podríamos decir, "Sólo tomó 10 minutos bajar la factura de mi mamá."

"Tú odias las dietas más que yo. ¿Quieres saber qué como todas las mañanas en el desayuno para estar así de delgado?"

Si esto suena interesante para nuestros prospectos, nos preguntarán, "¿Qué comes en el desayuno?" Si no nos preguntan por nuestro desayuno, no hay problema. Podemos continuar con nuestro nuevo desayuno perdiendo peso, mientras que ellos continúan ganando peso.

"Tío, tú vas a jubilarte pronto. Yo conozco por lo menos una manera más para agregar a tu pensión. Avísame cuándo te gustaría que platicáramos."

Eso suena muy seguro. De hecho, suena mucho mejor que, "¿Cuándo puedo darte mi presentación de negocio de 45 minutos?" Si nuestro tío no está interesado ahora, adivina. Una vez que nuestro tío decida que más ingresos estarían bien, nos recordará y nos recordará amablemente. No lo presionamos. Al contrario, le mostramos respeto. Esto nos debe ayudar a tener un buen comienzo.

"Comencé un negocio de medio tiempo con una agencia de viajes de descuentos. Ahora tú y yo podemos tomar vacaciones a precios de mayoreo en lugar de precios regulares. ¿Cómo te suena eso?"

Nuestro cuñado podría estar pensando, "Bien, pagar menos por las vacaciones familiares tiene mucho sentido. Y, si tú lo estás haciendo también, debe ser una grandiosa manera de ahorrar. Te tendré como mi amigo de confianza para localizar los mejores descuentos para mí." Es muy probable que nuestro cuñado nos responda, "Cuéntame más." Podemos tomarlo desde aquí.

"Mis camisetas talla extra empezaron a sentirse ajustadas. Tenía que perder peso rápido. ¿Conoces a alguien que necesite bajar 5 kilos rápido?"

Algo de humor autocrítico nunca afecta. Los prospectos sonríen. Eso es un muy buen comienzo. Y, podríamos conseguir una referencia genial. Sólo ten cuidado de no decir esto con algún amigo o pariente pasado de peso.

No sólo estas frases nos aseguran que podemos hablar con familia y amigos, sino que también podemos usar estas frases con desconocidos.

Ahora no hay pretexto para no hablar con desconocidos.

MOTIVACIÓN POR REPUTACIÓN.

Los humanos se preocupan por lo que los demás piensan de ellos. Esto es parte de nuestro ADN desde hace miles de años gracias a la programación tribal. El ser expulsado de la tribu significaba tratar de sobrevivir solos. Eso con frecuencia terminaba en la muerte.

Yo sé que escuchamos a menudo, "Que no te importe lo que los demás piensan." ¡Pero nos importa! Es una preocupación natural.

Nuestra reputación es importante para nosotros. Y para nuestros nuevos miembros, una de las primeras cosas sobre las que se preocupan es acerca de lo que los demás piensen. Les preocupa:

- "¿Pensarán que entré a una pirámide?"
- "¿Pensarán que sólo soy un vendedor, queriendo ganar comisiones de ellos?"
- "¿Los demás se reirán a mis espaldas y desearán en secreto que fracase?"
- "¿Pensarán que no estoy comprometido y que saltaré al siguiente objeto brillante que vea?"
- "¿Pensarán que estoy destinado a fracasar?"

Estos pensamientos pueden paralizar a nuestros nuevos miembros.

¿Nuestra estrategia?

Desviar el enfoque de nuestros miembros a un compromiso público. Queremos que nuestros nuevos miembros anuncien públicamente a sus amistades y familia que no sólo se acaban de unir a un negocio, sino que están comprometidos a hacer que funcione.

Ahora, es mucho más difícil retractarse de un compromiso cuando lo hemos hecho público. Piensa en las dietas. Si nadie sabe que estamos haciendo dieta, es fácil dejarla. Si todos supieran que estamos a dieta y les dijéramos que vamos a tener éxito, sería mucho más difícil dejarla.

Entre más trabajen nuestros nuevos miembros, más grandes son sus posibilidades de tener éxito eventualmente con sus negocios. ¿Por qué? Con el tiempo ganamos más experiencia y mejores habilidades.

¿Qué clase de anuncio podrían hacer los miembros de nuestro equipo? Bueno, imaginemos que comenzamos hoy. ¿Qué le diríamos a nuestros amigos y parientes?

- "Pensé que podría darle un intento a esta idea."
- "Probar esto parece ser buena idea para ver si funciona o no."
- "Lo pondré a prueba por dos semanas. Si no veo progreso, renuncio."
- "Oh, sólo lo estoy analizando."

Esta clase de frases no harán que nadie ingrese a nuestro equipo. Nadie quiere seguir a alguien que no está comprometido. No quieren morir con nosotros en nuestra aventura.

Ahora, ¿qué tal si dijéramos esto?:

- "Este es el negocio para mí."
- "Pensé un tiempo en mi futuro y esto es lo que quiero hacer."
- "Voy a darle hasta llegar a la cima de esto. Estaría divertido si me acompañaras en este viaje."
- "Puede que me tome un tiempo aprender este negocio, pero estoy comprometido."
- "Necesitaba una nueva carrera. Investigué mis opciones y haré esto."

Nuestras amistades y familiares tendrán diferentes sentimientos acerca de nuestro compromiso. Cuando detecten nuestra sinceridad, será más fácil que se comprometan a unirse con nosotros.

Pero el valor real es lo que este compromiso hace con nosotros y con los nuevos miembros del equipo. Públicamente anunciamos lo que vamos a hacer. Con este compromiso público, las personas verán lo que hacemos como una parte importante de nuestra reputación. Ahora somos menos propensos a renunciar. Todos sienten orgullo por su reputación.

¿Dónde y cómo podemos hacer este anuncio? Aquí hay algunas ideas.

En la habilidad del "principio de notificación," una manera de anunciar nuestro nuevo negocio es enviar una postal, un correo electrónico, o un mensaje de texto a nuestros amigos y familiares. Esto es similar a si abrimos una zapatería. Queremos anunciar que tenemos un negocio. No tenemos que suplicar con nuestros amigos y familiares para que vengan a comprar. Pero, si necesitan zapatos en el futuro, tenemos la esperanza de que pensarán en nosotros. Podemos hacer ese mismo tipo de anuncio para nuestro negocio de redes de mercadeo.

¿Redes sociales? Esa es una manera gratuita de hacer que los demás se enteren acerca de nuestro compromiso con nuestro nuevo negocio. No tenemos que pagar estampillas.

¿Eventos sociales en persona? Todos preguntan, "¿Qué hay de nuevo contigo?" Ahora podemos compartir nuestro compromiso con nuestro nuevo negocio.

Incluso el simple acto de ordenar tarjetas de presentación hace que nuestro compromiso luzca más real.

Como líderes, hagámonos esta pregunta: "¿Los miembros de mi equipo estarían más comprometidos después de hacer un anuncio público?" Por supuesto que la respuesta es, "Sí."

Cuando los nuevos miembros de nuestro equipo tengan sus reputaciones involucradas con su oportunidad de negocio, lo tomarán más en serio. Serán menos propensos a renunciar. Y nosotros sabremos que nuestro negocio está en sus mentes varias veces al día.

CÓMO HACER QUE LOS MIEMBROS ASISTAN A EVENTOS Y ENTRENAMIENTOS.

Algunos miembros del equipo comienzan a encoger su negocio inmediatamente después de comenzar. ¿Por qué? No saben que no saben.

Nosotros sabemos que estamos creciendo o encogiéndonos cada día. Nuestro desarrollo personal no se queda quieto.

Aún así, muchos miembros del equipo insisten en evitar el entrenamiento de su patrocinador, se rehusan a leer libros, no asisten a los eventos y generalmente dejan de aprender y de crecer. Eso es una vergüenza.

Así que aquí está divertida pregunta que le podemos hacer a nuestros miembros para hacer que asistan a los eventos y entrenamientos.

"¿Quieres asistir a nuestra próxima sesión de entrenamiento o estás feliz de que tu negocio se quede en el nivel actual?"

Esta pregunta inmediatamente señala el valor de asistir.

También podemos hacer esta pegunta para los eventos próximos. En los eventos, muchas cosas pasan.

- Prueba social. Vemos que otros tomaron la misma decisión que nosotros de estar con esta compañía.
- Identificación con alguien exitoso. Quizá un orador es un camionero y nosotros somos camioneros. Ahora podemos visualizar que podemos tener algo de éxito.
- Una sola idea de este evento podría cambiar nuestras carreras para siempre. Tenemos que aprender nuevas ideas. Rara vez llegan en automático mientras dormimos.

Así que la próxima ocasión que un miembro se rehuse a asistir a un entrenamiento o a un evento, le preguntamos, "¿Quieres asistir a nuestro próximo evento o estás feliz de que tu negocio se quede en el nivel actual?"

Esta pregunta ofrece una opción. La opción es:

1. Seguir con mi negocio como está. No crecer ni ganar más.

2. Asistir al entrenamiento o evento.

Los humanos aman las alternativas simples y fáciles.

Un ejemplo más.

Si nuestro nuevo miembro se resiste al asistir a nuestro entrenamiento del sábado, podríamos decir esto.

"¿Alguna vez terminaste una conversación pensando, '¡Rayos! Desearía haber dicho esto...'? Pasa todo el tiempo. Pensamos en la respuesta perfecta después de que la conversación terminó.

"Lo mismo pasa en redes de mercadeo. Conocemos a un prospecto genial. La conversación va bien, pero no tanto como para conseguir una cita. Nos vamos pensando, 'Me pregunto qué pude haber dicho para conseguir mejores resultados.'

"Aquí está la pregunta. ¿Cuándo es el mejor momento de aprender exactamente qué decir a los prospectos? ¿Antes de conocerlos o después?"

La respuesta es obvia. Nuestro nuevo miembro dice, "Antes de conocerlos."

¿Nuestra respuesta? "Por eso tenemos nuestro entrenamiento este sábado. Te enviaré el enlace del video ahora."

PERO UN EXTRAÑO ME DIJO, "¡NADIE GANA DINERO!"

Auch. Algunas veces debemos de jugar de psicólogo. Los nuevos miembros fácilmente se lastiman los sentimientos al comenzar sus carreras. Debido a que no están seguros, son híper-sensibles a las críticas de los demás. Los desconocidos querrán descargar sus pensamientos negativos dentro de sus mentes.

Sin una creencia fuerte en el negocio, habrá luchas. Los prospectos lo podrán leer en nuestro rostro, en el tono de nuestra voz y en nuestras palabras si creemos o no en nuestro negocio. Los guiones técnicos y las habilidades no resolverán esto. La creencia central en el negocio debe de estar ahí. Es por esto que tomaremos tiempo adicional para instalar la creencia en nuestros miembros del equipo.

Aquí está el escenario.

Los miembros se aproximan con nosotros con lágrimas en sus ojos, una solicitud de reembolso en sus manos, diciendo, "Queremos renunciar. Un extraño nos dijo que nadie gana dinero en redes de mercadeo. Todos pierden dinero. Sólo las personas de arriba ganan dinero, pero todos los demás pierden todo su dinero. Las personas trabajan por meses o por años y nunca les pagan. No sabemos cómo responder a esta objeción, así que mejor renunciamos ahora y olvidamos nuestros sueños."

Esto es fácil de arreglar, una vez que sabemos cómo. Usaremos historias y analogías. Luego, entregaremos nuestro mensaje en una manera que recuerden.

Comencemos investigando por qué un extraño descargaría toda esa negatividad sobre los sueños de otras personas.

Este desconocido tuvo una mala experiencia. Como humanos, tomamos muchos de nuestros juicios basados en nuestras experiencias pasadas. Aquí está un ejemplo.

Tú y yo vamos a un restaurante. Tu comida está excelente, una experiencia de 5 estrellas total. Mi comida es basura. Mal cocida, insípida y el mesero tosió sobre mi plato mientras lo traía desde la cocina. No me gustó mi comida en absoluto.

Ambos publicamos nuestras opiniones en Internet. Tú opinión dice, "¡Este es el mejor restaurante de todos! Mi boca se hace agua cada vez que pienso en mi última comida ahí. Sueño con esa comida."

¿Mi opinión sobre el restaurante? "¡Nunca vengas a este restaurante! Evita este restaurante. Hay demonios malvados que trabajan en la cocina y los meseros son vampiros. ¡Aléjate!"

Ahora es obvio lo que le ocurrió a nuestro extraño negativo. Tuvo una mala experiencia. Y esta es su opinión sobre su mala experiencia: "Todos pierden dinero. Sólo las personas de arriba ganan dinero, pero todos los demás pierden todo su dinero. Las personas trabajan por meses o por años y nunca les pagan."

Para nuestro negativo extraño, esta es una opinión legítima. Deberíamos respetar esto. No necesitamos discutir con el negativo extraño. Pero esta no es toda la historia. Llegaremos a la historia completa dentro de un momento. Por ahora, vamos a ocuparnos de nuestros sacudidos miembros quienes están recibiendo la opinión negativa.

Vamos a comer con ellos. Usaremos historias y analogías para re-instalar creencia en nuestro negocio

La historia de la NBA.

450 millones de personas en el mundo juegan basquetbol.

Casi todos los que juegan basquetbol pierden dinero.

Ellos gastan dinero en costosos tenis de diseñador. Cientos de dólares desperdiciados. Años de sus vidas desperdiciados practicando sus pases y jugadas. El transporte hacia y desde los entrenamientos cuesta dinero. Muchas personas asisten a campamentos de basquetbol que tienen altos costos de colegiatura. Algunos incluso pagan por entrenadores personales. ¡Pero qué propuesta para perdedores!

De 450 millones de jugadores de basquetbol, ¿cuántos están en la cima ganando buen dinero en la NBA? Sólo un puñado de personas están en la cima ganando dinero pero todos los demás pierden mucho dinero en su carrera de basquetbolista. La gente juega por meses o incluso por años ¡y nunca les pagan!

Algunas personas con suerte podrían recibir una beca en la universidad o incluso llegar a jugar en ligas menores con algún equipo y ganar algo de dinero por jugar. ¿Pero todos los demás? Perderán su dinero.

¿Significa que nadie debería de jugar basquetbol?

Por supuesto que no. ¿Cuáles son algunas de las cosas que las personas obtienen cuando juegan basquetbol?

- Ejercicio. Es genial para su salud.
- Aprenden el valor del trabajo en equipo.
- Crean nuevas amistades.
- Construyen una red.
- Evitan convertirse en una "babosa de sillón."
- Disfrutan de la competencia amistosa.
- Se divierten jugando con sus amigos.
- Experimentan el valor de practicar habilidades.

¿Jugar en la NBA está dentro de nuestro control?

No.

Aquí está el lado malo. Podríamos invertir dinero y practicar sin cansancio. Pero, estamos sujetos a los caprichos de las personas que escogen jugadores para su lista de 17 jugadores.

Sí, sólo un pequeño porcentaje de personas jugará para un equipo de la NBA y ganará buen dinero. ¿El resto de nosotros? Tendremos que conformarnos con los demás beneficios de jugar basquetbol.

Para resumir:

- La NBA sólo le paga a unas pocas personas en la cima.
- Todavía existen buenas razones para jugar basquetbol.
- No podemos controlar si somos elegidos en el draft anual de la NBA o si calificamos para el equipo.

Quiero ser estrella de cine.

¿Cuántas personas toman clases de actuación en preparatoria? ¿O en universidad? Muchas personas quieren ser actor o actriz. Las pocas personas en la cima pueden ganar millones al estelarizar una película.

Estudian duro, invierten en clases y hacen actuaciones gratuitas durante el año. Nadie recibe un pago. Todos pierden dinero por pagar las clases de actuación y los tutores. Las personas se desplazan a infinitas audiciones sólo para ser pasados por alto. Y las fotografías profesionales no son baratas.

¿Y si llegamos hasta Hollywood? Las oportunidades de convertirnos en extra de alguna película son bajas.

A donde sea que conducimos encontramos actores desempleados y actrices en trabajos de medio tiempo o de tiempo completo, donde están a la espera de su entrada triunfal al negocio. Millones y millones de personas quieren ser estrellas de cine famosas, pero los números no mienten. Sólo un selecto grupo de personas en la cima ganan mucho dinero. ¿El resto? Desean que les reembolsaran la gasolina para conducir ida y vuelta a sus actuaciones gratuitas.

¿Esto significa que nadie debería de convertirse en actor o actriz? Por supuesto que no. ¿Cuáles son algunas de las satisfacciones que las personas obtienen al actuar?

- Reconocimiento. En el escenario, ellos son la estrella.
- Una oportunidad de expresar su "yo" creativo.
- Competencia. Le ganaron el papel a todos los demás.

- Y desarrollan una comunidad de amistades que les gustan las artes.

¿Convertirnos en estrellas de cine está dentro de nuestro control?

No.

Aquí está el lado negativo. Podríamos invertir dinero, practicar por décadas, pero estaremos sujetos a los caprichos de los directores quienes seleccionan a los actores y actrices para las películas. Las audiciones son un rechazo en masa. E incluso si son elegidos para salir en una película, ¿será para el papel estelar? Probablemente no. Las posibilidades están terriblemente en contra nuestra.

Para resumir:

- Sólo unas pocas personas se convierten en estrellas de cine millonarias.
- Aún así hay buenas razones para disfrutar de la actuación.
- Las audiciones no están dentro de nuestro control. Nuestro futuro depende de otros.

La historia de "comenzar mi propio negocio."

Lo hemos escuchado cientos de veces: "9 de cada 10 negocios fracasan en los primeros años."

Hay algo de verdad en esto. ¿Por qué fracasan estos negocios?

- Ex-empleados que están probando su propio negocio por primera vez.
- Falta de capital.
- Habilidades geniales, pero nada de conocimiento de cómo funcionan los negocios.
- La economía local se fue abajo.
- Una compañía más grande se queda con sus clientes.
- La publicidad es muy costosa.

Sí, hay muchas causas por las que un negocio puede fallar. La inversión completa se pierde. No hay una garantía.

¿Pero eso significa que nadie debería de empezar un negocio? ¿Cómo se vería nuestro mundo si nadie hubiese empezado negocios? Muy triste.

Muchas personas de negocios trabajan duro y tal vez nunca ganen dinero. ¿Para los negocios que sobreviven? Algunos le darán al dueño un ingreso de medio tiempo o ayudarán a mantener a sus familias.

¿Convertirnos en un dueño de negocio exitoso está dentro de nuestro control?

Nada en la vida está completamente dentro de nuestro control, ¡pero las posibilidades son bastante mejores!

Podemos controlar qué tan duro trabajamos. Podemos controlar cuántas habilidades decidimos aprender. Y no tenemos a un entrenador o un director de audiciones con total control sobre nuestras carreras.

¿Hay ventajas por comenzar nuestro propio negocio? Sí.

- Aprendemos nuevas habilidades de vida.
- Tenemos oportunidad de ser nuestro propio jefe.
- Expandimos nuestra red de contactos y amigos.
- Elegimos nuestros horarios.
- Tenemos la oportunidad de ganar mucho más que un sueldo.
- Podemos ofrecer un producto o un servicio que ayude a los demás.

Sí, cuando las personas comienzan un nuevo negocio, vemos sonrisas en sus rostros.

Para resumir:

- Sólo unas pocas personas de negocio terminan convertidos en millonarios o billonarios.
- Nos sentimos felices cuando trabajamos por nuestra cuenta.
- Con las nuevas habilidades que aprendemos, nos convertimos en mejores personas.
- Tenemos más control sobre nuestro éxito final de lo que tendríamos si fuésemos jugadores de la NBA o actores.

La historia de mercadeo en red.

¿Cuántas personas quieren comenzar su propio negocio, pero no quieren tomar un riesgo enorme?

Escuchamos de networkers superestrella que ganan cantidades gigantes cada mes. Por supuesto, estas personas son las excepciones. Para nosotros, podríamos sentirnos felices con unos cuantos dólares extra al mes.

- No tenemos una oportunidad de ganar dinero extra en nuestros trabajos de tiempo completo.
- No tenemos dinero extra para invertir en un negocio.
- No queremos arriesgar la seguridad de nuestra familia al invertir grandes cantidades de efectivo y deuda en una franquicia.
- No podemos costear renunciar a nuestros trabajos para comenzar un nuevo negocio.
- No queremos la carga de los préstamos largos, gastos de operación y personal para un negocio.

¿Hay una oportunidad para nosotros?

Sí. La llamamos "mercadeo en red."

En mercadeo en red podemos invertir nuestro tiempo y esfuerzo, con muy poco dinero y gastos, para crear clientes y miembros nuevos para nuestro negocio.

¿Necesitaremos habilidades nuevas para esta profesión? Sí, pero podemos invertir y aprenderlas. Haremos gastos en productos y servicios, gastos de transportación a rallys y entrenamientos y algunas veces una niñera, de ser necesario. Habrá un costo.

¿Eso significa que todos se convertirán en super estrellas en redes de mercadeo?

No. Para nada.

Para la mayoría de las personas, el tiempo y el compromiso de aprender habilidades no "va con sus vidas" ni sus metas. Pueden estar impacientes. O tener otras metas más importantes en sus vidas.

¿Esto significa que nadie debería de entrar al mercadeo en red? Por supuesto que no. ¿Cuáles son algunos de los beneficios que las personas reciben de su negocio de mercadeo en red?

- Desarrollo personal. En mi caso, nunca había escuchado la palabra "metas" hasta que entre a redes de mercadeo.
- Nuevos amigos. Personas positivas que mejoran nuestra vida social.
- Una experiencia de producto o servicio genial.
- Una oportunidad de ayudar y servir a otros.
- Un posible cheque de medio tiempo para ayudar con nuestro presupuesto mensual.
- Una oportunidad de tener esperanzas que no teníamos antes en nuestras vidas.

¿Convertirnos en superestrella del mercadeo en red está dentro de nuestro control?

No.

Pero, nuestras posibilidades serán mucho mejores que convertirnos en estrellas de cine o jugadores de la NBA, ¡te lo aseguro!

Las buenas noticias son que tenemos algo de control sobre nuestro futuro. No tendríamos a un "cadenero" que nos diga "Tú fuiste elegido." O "Tú no fuiste elegido."

Podemos incrementar nuestras posibilidades de éxito aprendiendo nuevas habilidades y trabajando más efectiva-mente. Esas son grandiosas noticias. Nos sentimos motivados cuando sabemos que nuestros esfuerzos hacen una diferencia.

Sí, unas pocas personas se convertirán en superestrellas en mercadeo en red. Muchos más ganarán ingresos de tiempo completo. Y muchos, muchos más ganarán ingresos de medio tiempo. Y habrá un enorme número de emprendedores que disfrutarán los beneficios de los productos o las nuevas conexiones en sus vidas.

Para resumir:

- Sólo unas pocas personas se convertirán en superestrellas en redes de mercadeo.
- Muchos ganarán ingresos.
- Muchos más disfrutarán los demás beneficios de las redes de mercadeo.
- Tenemos mucho más control sobre nuestro éxito final.

Ahora, acerca del crítico negativo que dijo, "¡Nadie gana dinero!" ¿Por qué es esta persona tan crítica y negativa acerca del mercadeo en red? Esta persona tuvo una mala experiencia en redes de mercadeo, o tuvo un amigo con una mala experiencia. Se unieron para convertirse en superestrella del mercadeo en red y no ocurrió. Y no obtuvieron un buen ingreso de medio tiempo tampoco.

Basados en su experiencia, dejarán una opinión negativa. Y eso es algo interesante de las personas. Amamos compartir malas noticias.

No todos obtendrán lo que quieren en la vida. Pero eso no debería significar que nos debemos de rendir y dejar de intentar. Para muchos, mercadeo en red es la oportunidad de cambiar nuestras vidas.

Así que cuando logremos el éxito en redes de mercadeo, nos demos cuenta de que algunas personas no lo lograron. Y para ellos, sus opiniones contra las redes de mercadeo son válidas.

CUANDO LOS PROBLEMAS Y LOS RETOS LOS GOLPEAN DE FRENTE.

Los problemas nunca se van. No importa lo exitosos que seamos, los problemas continuarán.

Con nuestros nuevos miembros, los entrenamos sobre cómo enfrentar sus miedos cuando no estamos ahí. No podemos sujetar su mano por siempre. No podemos enviarlos a prospectar envueltos en plástico burbuja.

La otra opción es entrenarlos para evitar problemas. Pero, eso es imposible de hacer. Los problemas se asoman por doquier. Le llamamos vida.

Sí, podríamos entrar y resolver sus problemas. Eso sería rápido y eficiente. Sin embargo, tendríamos que entrar a resolver el siguiente problema. Y el siguiente. En lugar de que nosotros resolvamos o les digamos cómo resolver los problemas, deberíamos enseñarles cómo resolver los problemas por su cuenta. Aquí está nuestra oportunidad de empoderar a nuestro equipo.

Vamos a darles una pauta a seguir. En este caso, les daremos tres preguntas que deben recordar.

Pregunta #1: "¿Cuál es el reto o meta que nos está deteniendo ahora?"

Podrían decir, "No me puedo ver a mí mismo hablando con prospectos en frío." O, "La calificación de la compañía para el viaje es muy alta de lograr."

No queremos que nuestras conversaciones vayan en mil direcciones diferentes. Debemos ser claros acerca del problema real. Esto mantendrá nuestra discusión enfocada solamente en el problema en cuestión.

Pregunta #2: "¿Qué habilidad sientes que te falta para resolver este reto?"

¿Su respuesta? "No sé cómo encontrar personas nuevas." O, "No puedo comunicarme con personas que se rehusan a escuchar."

Ahora tenemos el problema y la razón real que los detiene. Señalan exactamente lo que necesitarán aprender para resolver este problema. Los problemas son fáciles de resolver cuando los comprendemos a ellos y a sus soluciones.

Lo desconocido es lo que nos causa estrés.

Pregunta #3: "¿Qué piensas hacer ahora, aprender una nueva habilidad, encontrar otra manera de resolver este reto?"

Por ejemplo, imagina que no saben cómo encontrar nuevos prospectos. Podrían aprender nuevas habilidades de prospección. Sin embargo, tal vez están incómodos con eso. Entonces, ¿qué más podrían hacer?

Podrían aprender habilidades de redes sociales. Podrían comprar algo de publicidad. Podrían hacer conexiones con personas de influencia que les envíen prospectos y referidos. Sí, algunas ocasiones pueden no tener la capacidad o el deseo de aprender una nueva habilidad. En ese caso, seamos creativos.

Los retos y los problemas ocurren. Nosotros no dejaremos que detengan a los miembros de nuestro equipo. Les hacemos estas tres preguntas para mantener sus carreras en movimiento

Cuándo implementar esto.

¡Inmediatamente!

Desde el momento en que el nuevo miembro entra, en lugar de darles respuestas rápidas, podemos llevarlos a través de este proceso de tres pasos.

Después de atravesar este proceso varias veces, los nuevos miembros de nuestro equipo no tendrán miedo de los problemas. Verán los problemas como una parte del negocio. Ahora, cuando estén por su cuenta, tendrán una plantilla qué seguir.

El líder en redes de mercadeo, Simon Chan, tiene una cita que amo:

"Hay dos decisiones primarias en la vida:

"1. Puedes aceptar las condiciones como son, o

"2. Aceptar la responsabilidad de cambiar las condiciones."

Suena duro, ¿no es así?

Pero, en ocasiones debemos enfrentar la dura verdad.

Ahora, como patrocinadores inteligentes, no repetiremos esta cita con alguien que no tenga las herramientas para resolver su situación. Es ahí donde entramos. Nosotros somos los patrocinadores experimentados que saben cómo cambiar las condiciones. Le mostraremos a nuestros nuevos miembros las actividades que pueden cambiar sus condiciones.

La estupidez necesita empatía.

¿Los nuevos miembros del equipo cometerán errores estúpidos?

Por supuesto. Garantizado.

¿Cómo deberían ser nuestras reacciones?

Nuestros cerebros emocionales tendrán una dura primera impresión.

No te preocupes. Esto es natural. Es fácil para nosotros etiquetar a un miembro como perezoso o quejumbroso la primera vez que escuchamos negatividad o vemos un error estúpido. Eso es nuestro cerebro activando sus juicios automáticos. No tenemos mucho control sobre esta parte de nuestro cerebro.

Pero, podemos dejar de lado nuestras reacciones iniciales. En lugar de aceptar la primera impresión, podemos usar la magia de la empatía.

La empatía significa que nos arrastramos al interior de la mente de otras personas, pensamos en sus experiencias pasadas y tratamos de sentir lo que están sintiendo.

Las personas que están en desacuerdo con nosotros no son tontos. Como seres humanos, tomamos las mejores decisiones que podemos basados en nuestras creencias, programas y la información que tenemos al alcance.

Entonces, ¿cómo es que los demás llegan a sus locas conclusiones? ¿Por qué entran en desacuerdo con nosotros? ¿Por qué no creen en nosotros? ¿Por qué actúan de la manera en que lo hacen?

Por que tuvieron diferentes experiencias en sus vidas. Nuestras experiencias nos ayudan a moldear nuestras decisiones y acciones. Por ejemplo, si un perro nos muerde cuando somos chicos, tal vez desarrollemos un miedo irracional a los perros para siempre.

Las personas tienen programas en sus vidas. Programas son creencias que nos dieron nuestros padres, maestros y sí, incluso repetidas historias en las noticias. Incluso grandes mentiras se pueden convertir en "verdades" dentro de nuestros cerebros si son repetidas lo suficiente. Algunas personas le llaman a esto "lavado de cerebro."

Las personas no salen de su camino para tomar decisiones idiotas y cometer estupideces que empeoran sus vidas.

Ahora, podríamos encontrar resistencia ente nuestras ideas o sugerencias. Preguntémonos a nosotros mismos, "¿Por qué? ¿Qué es lo que ha experimentado esta personas para ocasionar esta resistencia?"

Después, tratamos de comprender y tener empatía. Podríamos hacerles preguntas. O le permitimos a los otros explicar su resistencia ante nuestras ideas o sugerencias. Hay beneficios aquí.

QUÉ HACEN LOS PATROCINADORES INTELIGENTES

Primero, ahora entendemos sus puntos de vista. Tienen más sentido para nosotros. Podríamos seguir en desacuerdo, pero sabemos cuáles opiniones debemos de cambiar.

Segundo, cuando comprendemos a los demás, pueden sentirlo. Creamos un lazo. La mayoría de las relaciones son superficiales. Pero cuando tomamos el tiempo y el esfuerzo de entender a los demás, esto creará lealtad dentro de nuestro grupo. A nadie le gustan los dictadores que dan órdenes sin considerar sus puntos de vista o los efectos que tendrán sobre otras personas.

¿QUÉ NOS HACE ATRACTIVOS COMO PATROCINADORES INTELIGENTES?

Sólo tenemos que ver lo que nosotros querríamos en un patrocinador.

- ¿Queremos a un patrocinador motivado o desmotivado?
- Queremos un patrocinador positivo o negativo?
- ¿Queremos un patrocinador con habilidades o sin habilidades?
- ¿Nos uniríamos con un patrocinador que hace comentarios negativos de otros?
- ¿Nos uniríamos con un patrocinador que se queja de la compañía?
- ¿Nos uniríamos con un patrocinador que tratara de convencernos que todas las compañías en la industria son malas excepto una?
- ¿Nos uniríamos a un patrocinador que hablara mal de otras personas?
- ¿Nos uniríamos a un patrocinador que no tiene tiempo para nosotros?

Es fácil ver por qué algunos patrocinadores lo hacen bien y por qué otros luchan. ¿Pero qué es lo que sobresale?

Los prospectos no quieren un patrocinador que critica y se queja de los demás. Los prospectos ven a este patrocinador con baja autoestima y auto-imagen.

¿Cómo le mostramos esto a nuestros nuevos miembros?

En nuestro negocio, hay muchas personas y cosas para criticar. No podemos clavar nuestras cabezas en la arena e ignorar las situaciones negativas. Entonces, ¿cómo las atendemos?

Una manera madura de ver esto es, "Como en todas las cosas, hay algo bueno y algo malo." Aquí hay algunos ejemplos.

La compañía aumenta los precios de nuestros productos o servicios. ¿Nuestra respuesta?

"Precios más altos significan que tenemos que ser mejores cuando hablamos con los prospectos. En el lado positivo, precios más altos significan que la compañía puede ganar dinero suficiente para seguir operando. Eso es grandioso para todos."

Alguien en nuestra compañía hace algo sin ética. ¿Cómo deberíamos comentar?

"Eso no fue ético. Las personas cometen errores y tienen mal juicio. En el lado positivo, este individuo tomo la decisión de cambiar su vida al entrar a nuestro negocio. Estoy seguro que sus decisiones mejorarán en el futuro."

Tomar el "camino alto" construye respeto.

Si hablamos mal de los otros en nuestro equipo, ¿qué pensarán que decimos sobre ellos cuando no están presentes?

Construimos respeto siendo respetuosos de los demás.

Y FINALMENTE.

Tenemos una caja de herramientas enorme que nos facilita el trabajo. Aquí tienes algunas de las herramientas que podemos usar para ayudar a que las personas den el paso dentro del atemorizante y desconocido territorio de una carrera nueva:

- Reconocimiento y elogios. Mary Kay Ash lo hacía muy bien. Los generales saben que los hombres harán actos de valentía por listones y medallas. Las personas anhelan tener reconocimiento en sus vidas. Hay un viejo dicho, "Las personas trabajarán por dinero, pero morirán por reconocimiento."
- Comunidad. Los humanos quieren pertenecer. Somos sociales por naturaleza. Queremos la aceptación dentro del grupo e incluso más importante, queremos sentirnos cómodos dentro de ese grupo. Cuando le ayudamos a otros a unirse a nuestra comunidad, ellos aprecian nuestros esfuerzos.
- Analogías. Es imposible que entendamos algo bien a menos que podamos compararlo con algo que ya conocemos. Conceptos vagos son fácilmente olvidados. No tendrán ningún impacto emocional ni motivación en nuestras vidas. Compararemos cada nuevo concepto con algo que nuestros nuevos miembros ya conozcan..

- Historias. El cerebro humano aprende mejor con historias. Ese es nuestro modo natural de aprendizaje. Recordamos historias muy bien. No tenemos que memorizar datos.
- Expectativas. Las personas reaccionan a sus expectativas, no a los eventos. Podemos elegir ver la mayoría de los sucesos desde diferentes puntos de vista. Crearemos expectativas precisas tanto para las cosas buenas como las cosas malas que le ocurrirán a nuestros nuevos miembros durante sus carreras.
- Capacidad de desempeñarse. Le daremos a nuestros nuevos miembros de equipo actividades que puedan hacer y disfrutar. No hay nada más frustrante que la incapacidad de desempeñar una tarea deseada.

Como patrocinadores inteligentes, tengamos la empatía y el deseo de ayudar a cada nueva persona en nuestro equipo a lograr su verdadero potencial.

AGRADECIMIENTO.

Gracias por adquirir y leer este libro. Esperamos que hayas encontrado algunas ideas que te servirán.

Antes de que te vayas, ¿estaría bien si te pedimos un pequeño favor? ¿Tomarías sólo un minuto para dejar una frase o dos como comentario en línea de este libro? Tu opinión puede ayudar a otros a elegir qué leer a continuación. Sería de gran ayuda para muchos otros lectores.

Viajo por el mundo más de 240 días al año.
Envíame un correo si quisieras que hiciera
un taller "en vivo" en tu área.

→ BigAlSeminars.com ←

¡OBSEQUIO GRATIS!

¡Descarga ya tu libro gratuito!

Perfecto para nuevos distribuidores. Perfecto para
distribuidores actuales que quieren aprender más.

→ BigAlBooks.com/freespanish ←

Otros geniales libros de Big Al están disponibles en:

→ BigAlLibrosEnEspanol.com ←

MÁS LIBROS EN ESPAÑOL
BigAlLibrosEnEspanol.com

Cómo Conseguir Citas Sin Rechazo
Llena Nuestros Calendarios con Prospectos para Redes de Mercadeo

10 Atajos Cerebrales para Redes de Mercadeo
Ayuda a los Prospectos a Tomar Grandiosas Decisiones

¡Cómo Obtener y Conservar la Atención de Tu Prospecto!
Frases Mágicas para Redes de Mercadeo

Mini-Guiones para los Cuatro Colores de las Personalidades
Cómo Hablar con Nuestros Prospectos de Redes de Mercadeo

3 Hábitos Fáciles para Redes de Mercadeo
Automatiza Tu Éxito en MLM

Crea Influencia
10 Maneras de Impactar y Guiar a Otros

¿Por Qué Mis Metas No Funcionan?
Los Colores de las Personalidades para Redes de Mercadeo

¡Cómo Hacer que los Niños Digan SÍ!
Usando los Cuatro Colores de Lenguajes Secretos para Hacer que los Niños Escuchen

La Historia de Dos Minutos para Redes de Mercadeo
¡Crea una Grandiosa Historia Memorable!

Guía de Inicio Rápido para Redes de Mercadeo
Comienza RÁPIDO, ¡Sin Rechazos!

Pre-Cierres para Redes de Mercadeo
Decisiones de "Sí" Antes de la Presentación

Cierres para Redes de Mercadeo
Cómo Hacer que los Prospectos Crucen la Línea Final

Los Cuatro Colores de Las Personalidades para MLM
El Lenguaje Secreto para Redes de Mercadeo

Cómo Construir Tu Negocio de Redes de Mercadeo en 15 Minutos al Día

La Presentación de Un Minuto
Explica Tu Negocio de Redes de Mercadeo Como un Profesional

Ventas al por Menor para Redes de Mercadeo
Cómo Conseguir Nuevos Clientes para Tu Negocio en MLM

Motivación. Acción. Resultados.
Cómo Los Líderes En Redes De Mercadeo Mueven A Sus Equipos

51 Maneras Y Lugares Para Patrocinar Nuevos Distribuidores
Descubre Prospectos Calificados Para Tu Negocio De Redes De Mercadeo

Rompe El Hielo
Cómo Hacer Que Tus Prospectos Rueguen Por una Presentación

¡Cómo Obtener Seguridad, Confianza, Influencia Y Afinidad Al Instante!
13 Maneras De Crear Mentes Abiertas Hablándole A La Mente Subconsciente

Primeras Frases Para Redes De Mercadeo
Cómo Rápidamente Poner A Los Prospectos De Tu Lado

La Magia De Hablar En Público
Éxito Y Confianza En Los Primeros 20 Segundos

MLM de Big Al la Magia de Patrocinar
Cómo Construir un Equipo de Redes de Mercadeo Rápidamente

Cómo Prospectar, Vender Y Construir Tu Negocio De Redes De Mercadeo Con Historias

Cómo Construir LíDERES En Redes De Mercadeo Volumen Uno
Creación Paso A Paso De Profesionales En MLM

Cómo Construir Líderes En Redes De Mercadeo Volumen Dos
Actividades Y Lecciones Para Líderes de MLM

Cómo Hacer Seguimiento Con Tus Prospectos Para Redes De Mercadeo
Convierte un "Ahora no" En un "¡Ahora mismo!"

Por Qué Necesitas Comenzar A Hacer Redes De Mercadeo
Cómo Eliminar El Riesgo Y Tener Una Vida Mejor

Cómo Construir Rápidamente tu Negocio de Nutrición en Redes de Mercadeo

COMENTARIO DEL TRADUCTOR

Ha sido un placer para mí traducir este libro para los lectores en español. *Qué Hacen los Patrocinadores Inteligentes* te ayuda a desarrollar personas nuevas y reforzar su mentalidad desde el inicio. Me ofrecí para traducir este libro ya que las ideas aquí mostradas son las habilidades necesarias para el abordaje correcto de los nuevos socios.

En este libro aprenderás herramientas simples pero que causan gran impacto en la forma en la que tus nuevos miembros ven su negocio y actúan en consecuencia.

Así que deja atrás la frustración, el rechazo, el miedo, las dudas y la desesperación. Simplemente usa este libro para armar a tus nuevos distribuidores con frases y conceptos que les permitan construir por su cuenta y avanzar tanto como sus sueños les indiquen y educa a tu equipo para que pueda hacer lo mismo.

Gracias por soltar viejos patrones de pensamiento y creer que hay una nueva manera de construir tu negocio de mercadeo en red fácil y rápidamente, sólo aprende nuevas habilidades para construir un negocio estable, divertido y redituable de la manera correcta.

Deseo grandes cheques para ti y tus socios.

–Alejandro G.

SOBRE LOS AUTORES

Keith Schreiter tiene más de 20 años de experiencia en redes de mercadeo y multinivel. Keith le muestra a los empresarios de redes de mercadeo cómo usar sistemas simples para construir un negocio estable y en expansión.

¿Necesitas más prospectos? ¿Necesitas que tus prospectos se comprometan en lugar de estancarse? ¿Quieres saber cómo enganchar y mantener activo a tu grupo? Si éste es el tipo de habilidades que te gustaría dominar, te encantará su estilo de cómo hacerlo.

Keith imparte conferencias y entrenamientos en Estados Unidos, Canadá y Europa.

Tom "Big Al" Schreiter tiene más de 40 años de experiencia en redes de mercadeo y multinivel. Es el autor de la serie original de libros de entrenamiento "Big Al" a finales de la década de los 70s, continúa dando conferencias en más de 80 países sobre cómo usar las palabras exactas y frases para lograr que los prospectos abran su mente y digan "SÍ."

Su pasión es la comercialización de ideas, campañas de comercialización y cómo hablar a la mente subconsciente con métodos prácticos y simplificados. Siempre está en busca de casos de estudio de campañas de comercialización exitosas para sacar valiosas y útiles lecciones.

Como autor de numerosos audios de entrenamiento, Tom es un orador favorito en convenciones de varias compañías y eventos regionales.

www.ingramcontent.com/pod-product-compliance
Lightning Source LLC
Chambersburg PA
CBHW071709210326
41597CB00017B/2408